道具と人類史

戸沢充則

Mitsunori Tozawa

新泉社

道具と人類史

目次

I

道具のルーツ

Ⅱ　縄文土器の世界

ブックデザイン――堀渕伸治©tee graphics

I

道具のルーツ

人類が作った最初の道具――オノ

生物学的には限りなくサルに近い動物の一員である人類が、なぜサルでなくヒトであるかと、いま現代人として生きている私たちは考えてみたことがあるだろうか。多くの人びとはそんなことは当たり前で、サルには濃い体毛があり、長い尾をもつのもいるし、直立歩行の能力もないなどといった、ヒトと区別される特徴をいくつもあげることができる。

人類学者はもっともっと細かく、歯の形を調べ、脳容量を計算し、さらに最近ではバイオテクノロジーやコンピューターなどの先端科学技術を駆使して、化石骨に残るタンパク質、ＤＮＡといった分子を解析し、その突然変異や遺伝の痕跡によって、人類の起源を明らかにしようとしている。その古さは、数百万年前はおろか、千万の単位の年代

河原石の一端に傷をつけただけの最古のオノ（礫器、右2点）から、両面をきれいに打ち剝がして形の整ったオノ（握斧、左）が生まれるまでに、約100万年の年代と技術の積み重ねがあった。（戸沢充則撮影、明治大学博物館提供）

と推定されている。

しかし、サルからヒトへの変化を、人類の文化や歴史の第一歩としてとらえる視点を大事にする考古学者は、ヒトは道具を使い、その道具を自ら作る動物であることに最も大きな関心をよせる。

道具を用いることによって、人類は労働を慣習化し、自分たちの生活を自然に対してより有効に活用するための文化を育ててきた。道具の進歩こそ、初期人類の進化の基礎だったのである。


地球上最も有力な人類発祥の地と推定されるアフリカには、道具の起源と人類の進化を興味深く物語るいくつかの証拠がある。その一つ、東アフリカのタンザニア共和国にあるオルドヴァイ遺跡では、約二百万年前の古い地層の中から、二種類の類人化石と多数の原始的な石器が発見される。

猿人の一つロブストゥス猿人は体格もすぐれ、脳容量も大きく、森の勇者として豊かで安全な森の食料を独占した。だから彼等は道具を必要としなかった。

一方、もう一種のアフリカヌス猿人は森を追われた劣者だった。森の外を徘徊《はいかい》する野獣とたたかううちに、たまたま打ち倒したその肉が美味で栄養価の高い食料資源であることを知った。彼等は木の棒や大きな骨を手に勇敢に野獣に立ち向かいはじめた。狩猟＝労働のはじまりである。やがて木や骨の棒より重くて固い石が、さらに一部を打ち欠いて鋭利な縁をもった石＝石器が、野獣を傷つけるのには格段の効果を発揮することを知った。

オルドヴァイでこうした最古の石器を開発したのは、能力や体質的に優者であったロブストゥス猿人でなく、森を追われた劣弱なアフリカヌス猿人だった。そればかりでなく猿人・原人・旧人・新人（現代人）と続く、長い人類史の系譜を伝えたのも、石器を作り出して狩猟をしたアフリカヌス猿人たちで、ロブストゥス猿人はついに原人に進化することなく絶滅した。

以上はある著名なアメリカの人類学者の仮説である。私はもう十数年前、人類史の起源に関するこの興味に満ちた仮説を生んだオルドヴァイ遺跡を訪れ、二百万年余りの人類史の堆積が数十メートルの厚さで見事な層序をみせる雄大な遺跡の光景にふれ、人類初期のたくさんの石器を見た。

河原石の一端をちょんと打ち欠いただけの、考古学の専門家でない人が見たら、これがなんでただの石ころでなくて、人の手が加わった「石器」といえるのだろうかと疑問に思うほど、この最古の道具は素朴な石器である。しかし猿人がこの石器を手にして相手に立ち向かった時、自分の握りこぶしとはちがった重量と固さで強い打撃を加えることができた。そして打ち欠いてできた鋭い石の角や縁は、爪や歯ではなしえない深い傷を相手に与えることを知った。

叩く、切る、突くことを目的として登場した猿人のこの万能の石器は、礫器《れっき》から握斧《にぎりおの》へと形の上で次第に変化するが、基本的にはオノに分類される道具である。そして考古学的に握斧と呼ばれる石器は約二百万〜三百万年に及ぶ道具の歴史の中で、前期旧石器時代（猿人・原人の時代）に相当する約二百万年間にわたって人類の最も主要な道具として存在した。

オノに木の枝などの柄がとりつけられ、さらに狩猟具としての機能に加えて、いま私たちが普通にイメージする木工具や新しい戦いの武器としてのオノが人類史上に普遍化するのは、もっとずっと後の時代である。

それにしても、オルドヴァイ遺跡で実際に手にしてみて、人類最古の猿人の道具が、現代の複雑な機械文明、科学技術に到達する道のりの悠久さと、歴史の重さをひしひしと感ずることができた。

素材は道具のいのち——ナイフ

現代の私たちの日常生活で、切出小刀や「肥後守」といった愛称で親しまれたナイフに代わって、カッターナイフを使うようになったのは、戦後のいつの頃からだったろうか。

はじめのうち、その切れ味の鋭さや、厚さ〇・三ミリにも達しない薄い刃が、刃こぼれもせずいつまでもそのまま使えることに、驚異を覚えた人も多かったと思う。

道具の命《いのち》、とくに刃物の切れ味が、素材＝原料の善し悪しにかかっていることは、日本固有の伝統技術の粋ともいえる日本刀の鍛冶を例にあげるまでもなく、誰でも知っている事実である。そして素材へのこだわりが物質の合成技術の発達をうながし、新しいさまざまな物質＝素材を生み出しているというのが、現代の科学技術社会の一側面ともいえる。

何千年前、いや何万年前の石器時代の人びとは、新しい物質を自然界から合成するなどという技術こそもたなかったが、良い道具＝石器をより良い素材＝石材で作ることへの執着は、私たちの想像以上に強かったことがわかっている。

黒耀石《こくようせき》という岩石がある。この石は火山の活動で噴出するマグマが、火口付近で急速に冷却した結果生成されたものである。ルツボの中でドロドロに溶けたガラスが、外にとり出されて固まるのと似た原理でできた、いわば天然ガラスといってもよい岩石である。

質が均一で緻密だから、それを細かく打ち剝がして石器の加工がしやすい。硬度が高くガラス質だから、割り取った石の縁はカミソリの刃のように鋭い。

こんなにすぐれた性質をもつ石器の素材を、石器時代人が見逃すはずがなかった。とくに日本は火山列島と呼ばれるほどたくさんの火山があり、黒耀石の原産地が全国各地にある。そのなかでも北海道十勝岳の周辺、長野県霧ヶ峰・八ヶ岳の一帯、九州西北部の腰岳周辺などが、質のよい黒耀石を多産する場所として知られている。

黒耀石の石片の鋭利な割れ口をそのまま刃にしたナイフ形石器。東京都板橋区の茂呂遺跡出土。いまから約2万2000年ほど前から以後、関東・中部地方と九州地方で発達した。左：4.6cm。（明治大学博物館所蔵）

そのうちの一つ長野県霧ヶ峰山中に鷹山《たかやま》遺跡群と呼ばれる遺跡がある。そこは約三万年前の岩宿《いわじゅく》時代（旧石器時代）から、約三千年前の縄文時代まで続く大遺跡群で、連綿と二万数千年にわたって、黒耀石製の石器を大量に生産しつづけた〝石器工場地帯〟であった。

鷹山から二百キロも離れた関東平野は、岩宿・縄文時代を通じて最も遺跡が密集する地域である。山もなく、ましてや黒耀石の産出地のない関東平野の中の遺跡で、実に大量の黒耀石製の石器が出土する。ある時期には一遺跡から出土した石器の五十パーセント以上が黒耀石だったという事例も多い。しかもその大部分は鷹山をはじめとする信州産であることが、蛍光X線分析法などの理科学的分析によって産地同定されている。このように鷹山遺跡群で大量生産された石器は、その半製品・原石とともに広域に搬出されていたのである。

ところでその鷹山での黒耀石の採取はどのように行われていたのだろうか。いまから一万年以上前の岩宿時代の人びとは、遺跡周辺の地表面や河原に転石となってころがっている黒耀石の塊を、拾い集めて原料としていたにちがいない。しかし一万年という時の流れとともに豊富な資源も、とりつくして枯渇する。

約一万年前に岩宿時代から縄文時代にかわり、文化もそしておそらく社会の仕組みも大きな変換期を迎えるが、縄文時代の人びとはすぐれた石器素材としての鷹山産の黒耀石を忘れ去ることはできなかった。


一九九三年夏、鷹山遺跡群の数年目の調査を続けていた私たちは、遺跡の背後にそびえる星糞峠《ほしくそ》と昔から呼ばれている山の斜面に、直径十〜二十メートルほどの凹地が、月面のクレーターのように累々と拡がっていることに気づいた。直ちにその一つを試掘してみると、なんとそれは縄文人たちが黒耀石を採掘した竪坑《たてこう》の跡の凹みだったことがわかったのだ。

一つの竪坑の大きさは地表面で径約三メートル、深さは三〜四メートル、穴の底はせいぜい五十センチ程度と、目ざす黒耀石の塊を含む粘土層は一立方メートルほどしか掘っていない。つまり粗末な石の鍬や鹿の角で作ったピッケルを使って、苦労して掘り貫いた深い竪坑の中から、人の頭大から拳大《こぶし》の原石を十数個も得られれば上々の出来といった労働投下であったと推定される。

それでも縄文人は何千年かにわたって、このような竪坑を何百何千と掘り、この鷹山遺跡群の星糞峠に、面積四ヘクタールにおよぶ一大黒耀石鉱山の跡を残したのである。数千年前の石器時代の黒耀石鉱山の発見は世界でもおそらく最初の例であろう。

このことを見ても、人類が道具の素材にかけた執念のすさまじさと、その歴史の深さを思わずにはいられない。

石片に隠された技術

群馬県の東北部、赤城山麓の笠懸町《かさがけ》（現・みどり市）に「岩宿《いわじゅく》文化資料館」（現・岩宿博物館）と称する考古学博物館がある。この地にある岩宿遺跡は敗戦直後、日本列島における旧石器段階の文化（岩宿文化）の石器が最初に発見された場所として、日本考古学史上最重要な遺跡の一つである。その岩宿遺跡の名とともに、いま岩宿文化資料館を有名にしているもう一つの顔は、そこの館長（当時）をしている松沢亜生さんの石器づくりである。

私も何度か松沢館長の石器づくりの実演を見た。原料となる黒耀石など人の頭の大きさほどの原石が、座った彼の膝の上にかかえあげられる。それを右に動かし左に回転し、さらに上下に反転をくり返しながら、石の表面の微妙な凹凸、小さな裂け目や岩肌の様

埼玉県所沢市の砂川遺跡で出土した石片から復元した接合資料。こうした接合資料などから、旧石器時代人が、石器作りの改良や合理化に技術的努力を重ねていたことがわかった。左上：長さ13.8cm。（国重要文化財、明治大学博物館所蔵）

子を細かく観察する。石の目を見極め、ハンマーで打撃を加えるポイントを探すためだ。

次に獣皮を敷いた両股の間に、必要な向きを保った原石がしっかりと置かれる。石を大割りに叩くハンマーは枝の一部をこぶのように残した鹿の角《つの》がよいという。そのハンマーで加撃点と決めた位置のまわりを、まずこつこつと軽く叩く。石の中に不規則な傷や夾雑物がないかなど、いわゆる「石の目」に沿って打撃の力がうまく伝わるかどうかなどを予知するためだ。この段階で松沢さんの眼はまさに入魂の輝きを見せる。

やがて緊迫の一撃が、定めた一点に打ちおろされ、手頃な大きさと形をもった石片が何枚か母岩から剝ぎ落とされる。柔かい鹿角のハンマーが硬い岩石をいとも簡単に剝ぎ落とすのは、松沢さんが石の材質や加撃面の状態などを経験と勘で見極めていればこそである。石器づくりの〝神技〟といえるだろう。

剝ぎ取られた石片（考古学用語では剝片＝Flakeと呼ばれ、さまざまな形の石器に加工される素材となる）は、次にはノミとかタガネに近いより小さな別の鹿角製の道具で細部の加工が行われ、次第に形が整えられてナイフや槍（穂先）などといった石器に変身していく。

実は松沢さんが数万年前の〝石器職人〟と同じ技量を獲得するまでには並々ならぬ苦

労があった。まず彼は遺跡から出土する石器を技術面から徹底的に観察した。一つの石器にはそれを形づくるために石を割ったり、石の表面を薄く剝がしたり、縁を細かく叩いたりした痕跡（剝離面、加工痕などと呼ぶ）が、簡単な作りの石器でも数十、両面を鱗《うろこ》のように剝がして仕上げた石槍という石器では数百の剝離面が全面をおおう。松沢さんはそれらの一つひとつの特徴を調べ、剝がされた順序を観察するなどして、理論的・実験的に石器製作の工程と技法を復元した。

一方、松沢さんのそうした研究と並行して、日本各地で遺跡の発掘が盛んになると、遺跡にそのまま遺棄されていた石器や石片が、考古学者の手によってジグソーパズルを組み立てるように、石の割れ口の一致をみつけて接合する作業がはじまった。写真の接合資料は約二万年前に当たる埼玉県砂川遺跡の例で、こうした作業が成功した最初の資料としてその後の研究の規範となったものである。

最近では長野県で百九点の石片を接合し、残っていた母岩（石核《せっかく》）と合わせて重さ約十二キロの原石に近い形に復元された例もある。こうした研究や接合作業の積み重ねによって、石器製作工程と技法の復元研究の分野では、日本の考古学は最も高い研究水準に達したとみられ、世界各国から注目されている。

ところで話を松沢館長の石器づくりに戻そう。日本での石器製作技術の研究で一応の成果を得た彼は、やがて海外にとび出した。フランスやアメリカなど数カ国にわたり、各地で石器づくりの〝名人〟と称する著名な研究者を訪ね歩いた。一人の研究者のところに何日も滞在し、その〝名人〟の技量を〝修業〟するとともに、それまでの自分の研究結果を確かめ、かつ深めていった。ちなみに〝石器職人〟としての腕前は他の〝名人〟に勝るとも劣らなかったと伝聞される。

松沢さんの石器づくりの話をここで紹介したのは、石器という一つの道具をつくる際の、技術へのこだわりを理解してもらいたかったからである。松沢さんをはじめ他の多くの考古学者たちは、研究を目的とし、その手段を通じて石器づくりの実態に迫り、数万年前の人類の石器製作技術を体験するにいたった。しかし旧石器時代の人びとは研究の対象として石器の技術を獲得したわけではなく、ごく日常的な生活の必要性から、自分たちの生命を維持する狩猟活動の目的のために石器を作り、より効果のある道具をより合理的に生み出そうと技術へのこだわりを常にもち続けたのである。

不思議なことに地球上のある一地域におこった新しい石器技術は、まったく離れた別の地域でもほとんど時をおかずに開発された。それは石器技術に対する人類史的な共通のこだわりによるものだろう。

だとすれば人類五百万年の歴史が未来に向けて永遠であるためには、現代においても技術は全地球人の共有の財産でなければならない。そして現代を生きる私たちが技術を生み出すこころと、それを使うこころの調和にこだわる時こそ、地球上に真の平和が訪れ、人類の永遠の生存が保証されるのではないだろうか。

一万年前の飛び道具――投槍

五百万とも、最近では六百万年におよぶともいわれる人類史とその道具の歴史の中で、〝飛び道具〟というカテゴリーで一括される道具がある。道具を使いはじめたばかりの猿人が、敵に向かって石や棒切れを投げつけることもあったであろうが、その行為はまだ、道具を使って相手を倒すことを目的にしたのではなく、自らの危険から逃避するための、緊急避難的な対処であったと思われる。

道具を動物に向かって投げつけ、それに相当なダメージを与えて獲物とする、つまり狩猟を効果的に果たすためには、命中率や飛翔力、そして殺傷能力が必要である。

人類がそのような飛び道具を本格的に開発したのは、道具の起源から三百万年近い年代を経た後、すなわち人類史においても、道具の歴史の上からみても、その最晩年にあたる後期旧石器時代になってからのことであった。

前三回の話で触れたように、約二百万から三百万年前にはじめて道具を手にした人類は、その後、気の遠くなるような悠久な道具の歴史を通じて、道具としての形を考え、素材にこだわりながら、石器を作る技術に工夫を加え、それぞれの目的に適った道具の種類（器種）を増していった。

いまから約一万五千年前、石槍《いしやり》という石器が出現する。考古学用語では槍先形尖頭器《やりさきがたせんとうき》などと呼ばれるが、それは長い木の柄の先に装着する槍の穂先のことである。石槍が出現する以前、約三万年前以後の後期旧石器時代を代表する石器の器種とされるナイフ形石器は、それが狩猟具として使われる場合、柄の先にとりつけられた刺突用の道具、あえていえば「手槍《てやり》」であったことはまちがいないものと思う。

石槍はその手槍の伝統の上に生まれた石器であるが、柄を手にしっかり握ったまま相手を攻撃する手槍とはちがい、手を離れてやや遠くの獲物を狙う「投槍《なげやり》」であった。

いまの陸上競技で使われる槍がどんな構造になっているか知識はないが、あの見事な放物線を描いて遠くに飛び、落下点で地上に鋭く突きささるためには、常識的に考えても槍全体のバランス、とくにその先端（槍の穂先）の構造（形）と重量が設計上重要になってくるであろう。

石槍が器種として完成した段階（約一万二千年前）の資料をみると、全体の形は木葉形とか柳葉形などと表現されるように、左右シンメトリーに整えられ、横断面は凸レンズ状にこれも均整のとれた仕上りのものが多い。もちろん先端は鋭利な刃に作られている。そしてそれ以前の手槍の段階のナイフ形石器にくらべて、総体として重さがあることが特徴である。

このように平面・断面形ともにシンメトリーな石槍を作る技術は、前回にも紹介したように、石器製作者が〝職人芸〟ともいえる技量をもってはじめて可能なことである。石槍を作る技術をもたなかったナイフ形石器の段階では、同じ槍でもまだ投槍＝飛び道具の本格的な開発にいたらなかった一つの理由である。

最高の石器製作技術で、堅い石の全面を削り取るように調整加工して作りあげた石槍は、一定の重さと、鋭さと、飛翔に適した形を備えた石器であった。この新しい器種の石器＝石槍を手にした旧石器の狩人は、もの陰に身をかくして逃足の早い動物を狙い、危険な猛獣に対しては多少でも遠くから相手を倒すことができるようになった。

飛彈の下呂石を打ち欠き、きわめて薄く精巧に仕上げた石槍。石器製作技術の頂点を見せる。長野県上伊那郡南箕輪村の神子柴遺跡出土。長さ25.1cm。（国重要文化財、Photo T.Ogawa、上伊那考古学会提供）

遠くの対象物を確実にとらえたいという欲求、つまり飛び道具のいっそうの効率化、そのための新器種や新技術の開発の願いは、今日でも人類のあきることのない夢である。数え切れないほどの莫大な器種の道具を複雑に組み合わせて、月や惑星への到達を図る宇宙船などは、飛び道具の最新版といってもよい。しかしここにいたるまでには、まだ永い飛び道具の歴史をふりかえらねばならない。

石槍を作りあげて、飛び道具の開発を手がけた旧石器人は、投槍の出現と同時に、それをより遠くへ、より速く、より正確に目的物に向かって飛ばすために、骨や木を削って作った投槍具をすでに発明していたことが知られている。いわばそれは投槍を発射するためのカタパルトと思えばいい。こうした道具はいまなおアフリカ大陸の狩猟民などにひきつがれて使われている。

ところで物理的な力を応用して、より遠くに飛ぶ道具の進歩を急速に推し進めた人類史上の画期的な事件は弓矢の発明である。強く張った弦《つる》を急に手放すことで生ずる瞬発力の強さは、人の腕力による投擲《とうてき》力などの比ではない。矢の先に装着される石鏃《せきぞく》（矢じり）は、石槍にくらべると極端に小さく、平均して全長でも十分の一以下である。石鏃作りの技術は石槍のそれを踏襲しているが、石器が小さいだけ手間ひまかからず、原材も少なくてすむ。だから石槍から石鏃への転換は人類史上まれに見る主要生産財の合理化であり、〝産業革命〟だったともいえる。事実これを一つの契機として人類史は旧石器文化から新石器文化の段階へと変革をとげるのである。

テレビの中継で現代科学技術の粋をきわめた飛び道具である、巨大なロケットによる人工衛星打上げの光景を興奮してながめながら、私はいつも、約一万年前に人類が生み出した最初の飛び道具、投槍や矢が、大空にまた大地に獲物を追いかけていく姿を思い出し、一つの道具にまつわる歴史物語をこころの中に描くのである。

火の利用と土器の誕生

人類はいつから火を手にしたのだろうか。人の歴史のはじめ、火は天から与えられた「プロメテウスの火」のように、暗い世界を照らし出し、自在に人に従うものであったのだろうか。考古学的な証拠をもとにして組み立てられる「火の道具化」の歴史は、それほど簡単なことではなかったことを教えてくれる。

はげしく燃え盛る山火事は草原や森林を焼け野原にして、自分たちの生命を危険にさらす自然の脅威の存在であったにちがいない。しかし人類の祖先たちは石や骨という道具の材料をみつけだすのと同様にして、いまだくすぶり続ける焼け跡から火を自分たちの世界にもち帰ったのである。

初期の人類が火を利用した証拠は、洞窟や岩陰など彼らの生活跡から発見される、石

約1万2000年前に日本列島で作られた、世界でも最古の段階に位置づけられる土器の一つ。長野県須坂市の石小屋洞窟出土。高さ24cm。（國學院大學学術資料館所蔵）

で簡単な囲いをした囲炉裏《いろり》や、その周囲に散らばる焼けた土や灰、焦げた動物の骨片などによって知られる。おそらく彼らは暖をとったり、獣の肉をグリルするといった知恵をもったにちがいない。洞窟の闇の世界を明るく照らし、猛獣の脅威から逃れるなど、火の管理と活用（火の道具化）は、石や骨で作った道具の発明と並んで、人類史上画期的な出来事であった。

石や骨の道具が目的の多様化や技術の進歩とともに、形や機能を変えていったように、火の利用法も多様化していった。その中で火がモノを作り出す技術と結びついた最初の発明が、土の器《うつわ》すなわち土器の製作であった。

近年の発掘の成果により、日本列島で土器の使用がはじまったのはおよそ一万二千年前とわかっている。ほぼ同じ年代に世界各地でも土器の製作がはじまるが、日本の土器出現年代はいまのところ世界最古の一つである。そしてこの土器の使用とともに、人びとの生活は定住化が進行し、それ以前（旧石器時代＝岩宿時代）とは文化の様相が大きく異なる縄文文化の時代に入る。

土器焼きの火は普通六百〜七百度程度の温度である。縄文土器は焼き物の中では最も低い温度で焼かれた器であるが、かといってそのことで製作技術が低いと考えたら、それは数値優先型の思考をもつわれわれ現代人の犯しやすい間違いだ。なぜなら通常の焚き火でも九百度を上まわる高温を得ることができるが、もしこんな高温で縄文土器を焼けば、土器の素地《きじ》土の鉱物が急激に溶解したり膨張して、歪みや亀裂が入り、器の体をなさない。反対に比較的低温で焼いた土器は水漏れが少なく、耐熱性に優れている。土器の作り手が素材の特徴を熟知していたことを示す一例である。

日本における最古の〝焼き物〟は縄文土器である。深鉢《ふかばち》とよばれる煮炊き用の器として作りはじめられた土器の多くには、煮こぼれによる煤や強い加熱による焼け焦げの跡の顕著なものが多い。土器の発明はこのようにして、食物を煮沸して調理することを人類史の中で促したのである。そのままでは食べられないアクをもった木の実も、繊維の強い植物や動物の肉も加熱・煮沸をくり返すことで、美味で柔らかい食料にすることができたし、複数の食材を組み合わせて新しい味覚を次々に生み出した。

土器の作り方や使い方に注目して縄文土器全体の変遷をたどると、いまから約三千五百年前に日本列島全域にわたって、ひとつの共通した変化があらわれる。それは繊細な文様で飾られた皿や土瓶《どびん》、浅鉢《あさばち》などの器（精製土器）と、飾り気のほとんどない大形で簡素な作りの器（粗製土器）が、はっきりと分化して共存することである。それは食材の下ごしらえ専用の煮炊き用の土器と、盛りつけ用あるいは個人が所有する銘々器《めいめいき》ともいうべき土器が、あたかも現代のわれわれの食器棚や台所にあるのと似たセットとして確立したということである。

およそ一万年前に〝火の道具化〟の産物として生まれた土器は、その後長い年月をかけて、調理技術やグルメ指向の多様化とともに形や器のセットを次第に発達させた。それ以降現代にいたる間に、器は素焼きの土器から陶器・磁器へ、さらにガラスやステンレスへと素材の多様化・変化を積み重ねながら、やがて土を焼く技術は、ハイテクを応用したセラミクスの発明へと発展した。

現代のわれわれがいまなお、素焼きの器のざらついた肌触りをなつかしみ、古色の器のもつ味わいにある種のこころの安堵を覚えるのは、一万年余におよぶ器のたどった永い歴史が、われわれの心身に深く刻みつけられているからかもしれない。

漁労を発展させた骨角器——釣り針

人類の道具のルーツをたどって、石の道具や火の利用（土器作り）にいままでふれてきた。このあたりでもう一つ大切な道具の素材である、動物の骨や角《つの》を使った道具（骨《こっ》角器《かくき》と総称）について語っておかなければいけない。

骨や角は石などと違い、弾力性がある上に丈夫で、切ったり削ったりの加工がしやすいという利点がある。そのため旧石器時代の終わり頃（約三万年前以降）には、装飾的な彫刻さえほどこした、立派な槍のような形をした道具がたくさん作られた。

しかし、この骨角製の槍はいくら磨いて先を尖らせても、石で作った槍のように鋭い刃を生み出すことができなかったので、動物を獲る狩猟具の主流にはならなかったようだ。ただし少し後の時代、すなわち中石器時代（約一万五千年前頃）になると、その骨角製の槍に、細石器《さいせっき》という小さなカミソリの刃のような鋭利な石器をはめこんで、刃を補強した道具が発明される。骨角器と石器を組み合わせて一つの道具に仕上げたという意味で「組み合わせ式道具＝composite tool」と呼んでいる。けだしこれは現代の複雑に構成された機械のルーツといえるかもしれない。このことについては後の機会に書こうと思う。

　ところで骨角器が人類の生活の上で最も大きな貢献を果たすのは、それが魚を獲る道具、つまりさまざまな漁具《ぎょぐ》として威力を発揮した点にある。とくに周囲を豊富な水産資源にかこまれた日本列島の住民にとって、骨角製漁具の開発による漁労活動の発達は、人びとの生活を変え、新しい文化を育て、岩宿時代（旧石器段階）から縄文時代への歴史転換の重要な契機となった。

　縄文時代がはじまったばかりのいまから約一万年前、東京湾の沿岸には日本最古の貝塚がいくつか残された。貝塚はそこに住んだ人びとが海で魚をとり、砂浜で貝を拾って食べた、その骨や貝殻をゴミ捨場として何百年もかけて積みあげた塚である。縄文時代以前の岩宿時代にはそんなに長い年月、一カ所に住みついて、海の幸に依存した生活を続けた証拠はない。四季折々に恵まれた美味な食料の供給が得られたからこそ、そして海産資源の一定量の獲得が可能な漁具と漁労技術が開発されたからこそ、「定住」を基本とする縄文人の生活と、彼等が生み出す新しい文化の基礎が固まったのである。

さて、縄文時代の漁師たちは骨や角でどんな漁具を作り、それでどのようにして魚をとっていたのだろうか。生まれてからずっと仙台湾の浜辺に住み、海に親しんだ生活を続けてきた楠本政助さんという考古学者は、いろいろな実験をくり返しながら、縄文人と同じような釣り針の製作を研究した。それによると釣り針には鹿の角が最も適した材料だという。

まず径二～三センチの短い棒のようにした角を用意する。これにナイフのような刃をもった石器で、棒の裏表に縦の深い溝を彫りこむ。そしてその溝に沿って棒状の角を竹を割るように半割りにする。短冊のようになった鹿の角の外側に近いところに硬い部分をなるべく残し、髄《ずい》のあった少し柔らかい部分をていねいに削り込みながら、次第に「し」の字形の釣り針の形を作り出していく。だいたいの形ができると、角の表面の凹凸などをきれいに削り落とし、さらに全体をざらざらした石や土器の破片などを使ってきれいに磨きあげる。そして最後に微妙な細工を要する、釣り糸をかける溝や突起、さ

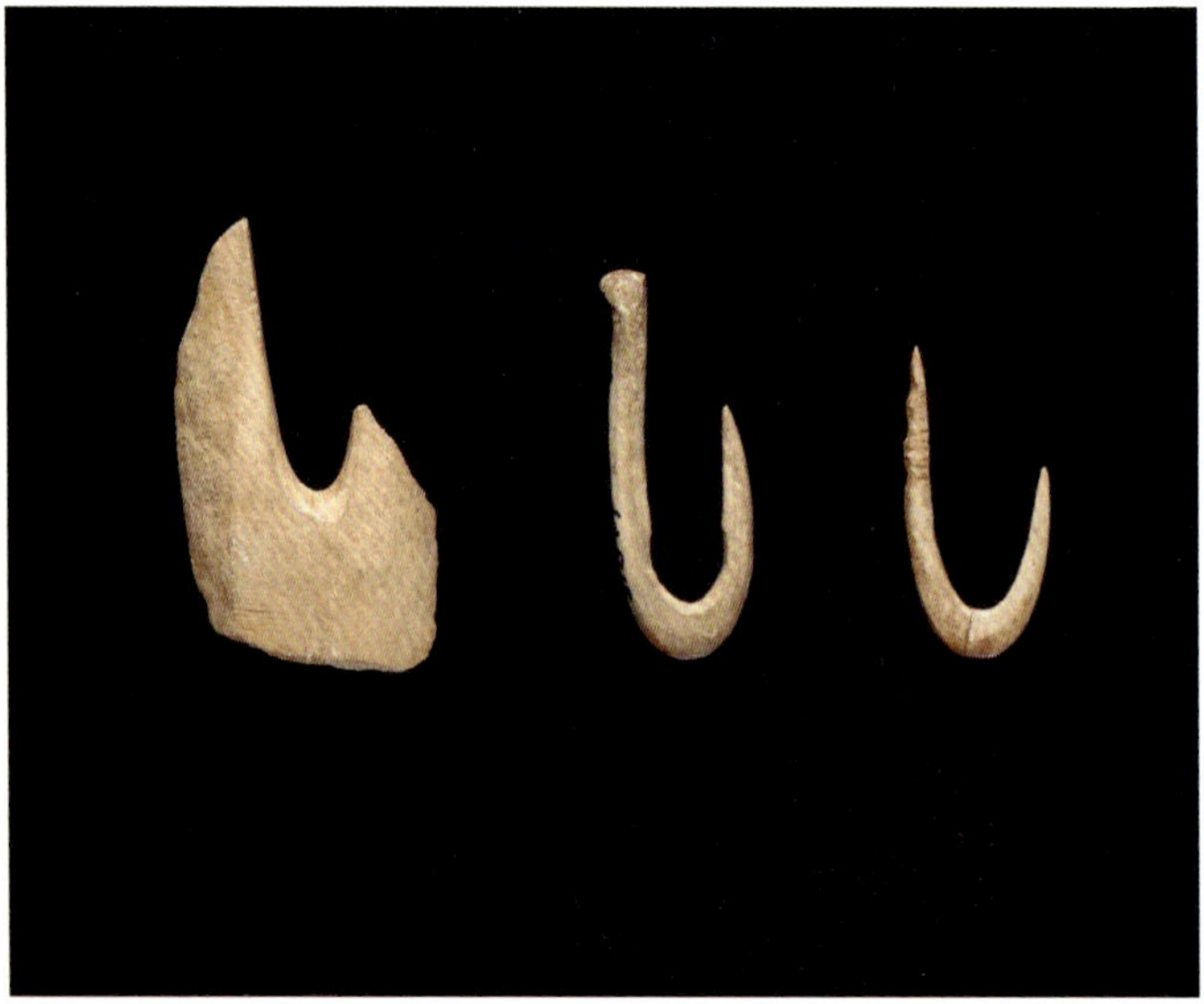

神奈川県横須賀市の夏島貝塚から出土した縄文早期の釣り針と製作途中のもの。真ん中を除いて最古（約1万年前）。左端：長さ3.6cm。（明治大学博物館所蔵）

らに釣り針にとっていちばん大切な、針先の内側につけられた鋭い鉤《かぎ》（鐖《あぐ》と呼ばれる）を仕上げて、一本の精巧な釣り針が完成する。熟練した楠本さんでもここまで加工するのに約七時間かかるという。

縄文時代の釣り針はいくら精巧だといっても、現代の釣りファンの好む技巧（魚をだますための「偽計」ともいえる）の限りを尽した製品とは違う。小さいものでも太さ二〜三ミリ、全長二センチ。大きなものでは数センチをこえるゴツイものもある。鐖《あぐ》のないものも多いが、ただ両端が尖った丸い棒で、中央でT字形に糸を結ぶ切り込みを入れただけの簡単なものさえある。こんな代物では、いまの日本近海にいる魚の習性（知恵？）と現代釣りマニアの腕では、とても針にもかからないのではないか、釣り素人の私などは考えこんでしまう。

ところがどうして、楠本さんは全長四センチもある大きな釣り針で体長二十センチのアイナメを、それよりやや大きな釣り針では見事にタイなどを釣りあげるのだそうだ。

約一万年前の東京湾に残された最古の貝塚の一つ、神奈川県夏島貝塚からは、マグロ、ボラ、クロダイ、スズキ、コチ、ハモなどといった魚類の骨がたくさん見つかった。大小の釣り針も出土している。縄文人はその初めからすぐれた漁民でもあったのだ。骨や角を削り磨いて作った縄文人の漁具の中には、離頭銛《りとうもり》と呼ばれるような、現代の漁労民はおろか、あの捕鯨船が使うものと同じ、ただ素材が骨角か鉄かの違いだけの漁具がある。世界有数の漁業国日本の伝統は、縄文時代以来のものであったこと、そして縄文人の知恵の大きさを改めて思う。

学ぶところのある縄文人の食文化

先に「素材は道具のいのち」で、長野県鷹山遺跡群の星糞峠にある世界最古で最初の発見ともいえる、約一万年前から三千年前に営まれた縄文時代の黒耀石鉱山の話を紹介した。人類が古い時代から今日まで、道具づくりのすぐれた素材を獲得するために、いかに苦労を重ね、そのことにどれほどの執着を示し、工夫をこらしてきたかということを理解する一例としてであった。

しかし道具を作る、そのために技術や素材にこだわること以上に、いやそうすることの目的もそうであったが、人間が生命を維持するために絶対不可欠なものは、他のすべての生物と同様に食物を十分に確保することにほかならない。人類史は道具の歴史であるとともに、食料獲得史であったといえる。

今夏もまた鷹山の黒耀石鉱山の発掘が、三十名ほどの考古学専攻学生と地元の人びとの協力で、営々黙々と地道に続けられている。四ヘクタールの広さに分布する鉱山跡を掘りつくすには、何十年いや何百年かかるのだろうか。調査団のメンバーは縄文人だって数千年もかかって掘り続け、その結果として現代に残された貴重な歴史遺産・文化財なのだから、どんなに時間がかかろうと着実に確かな歴史的事実をつかもうと、真剣に土と石の山に向かって英知のすべてを傾注している。彼らはきっと二十一世紀の人間として必要な〝人類史的歴史観〟を身につけた若者に育つだろうと、公務の間を縫ってつい先日、現地の視察に立ち寄った私は、泥まみれになって働く学生たちの姿に将来の夢を見る想いがした。

話がそれてしまったが縄文人の食料獲得問題に戻らなければいけない。

左ページの図を見ていただきたい。國學院大學教授（現・名誉教授）で縄文文化研究の第一人者とされる小林達雄さんが、もう二十年ほど前に考察されて発表し、その後、考古学に関係する多くの著書や博物館、展覧会などの展示などにはどこでも利用される有名なイラストである。名づけて「縄文カレンダー」と称されているが、この図は狩猟・

小林達雄氏が考案した縄文カレンダー（新潟県立歴史博物館提供。一部改変）

漁労・植物採集を基本とする縄文時代の人びとの生業＝食料獲得活動が、一年を通じて四季折々にどのように行われたかをわかりやすく図式化したものである。

これによると動物の狩猟は一年を通じて行われるが冬に集中し、魚を獲るのは夏に多く、春は野草や海岸での貝類の採集、実りの秋には木の実の収穫といった具合に、季節に応じて多様な自然の産物をうまく活用して生活を支えていたことがわかる。

この図はもちろん単なる想像の産物ではなく、貝塚や自然遺物（動物・魚・植物などの残存遺体）が出土する遺跡の調査結果に基づいて、縄文時代全体について総合的に集約したものであるから、海のない山国、逆に山の幸に恵まれない土地、さらに南北に長くつらなる日本列島の自然環境や地形の複雑な地域差などによって、その土地土地での主要食料資源は大きく、あるいは微妙な違いがあるのは当然である。

最近開発され、考古学資料の分析に利用されはじめた食性分析法（古人骨に残るコラーゲンの炭素と窒素の同位体の量を測り、生前の食生活を復元する方法）によれば、山間部の長野県の縄文人は栄養源の七十パーセントは木の実など植物質食料に頼り、海岸部の千葉県で貝塚を残した縄文人は三十パーセント程度どまりという結果が明らかにされている。

そもそも縄文文化は約一万年という長い期間、日本列島を舞台として多少の地域差や時代の変化はあったとしても、単一の文化としてくれる特性をもっていた。このような継続性をもった文化は、人類史上その他に例がない。だからといって、「文明化が隣接する中国文明より遅れ、縄文文化は〝原始的文化〟」などという評価は、私に言わせれば誤った文明史観だとさえ思われる。地球環境の保護が全世界の話題となり、二十一世紀に向けての人類史的課題として叫ばれる現在、自然と仲良くつきあった縄文人の生活から学ぶものは決して小さくないはずである。

先頃、東京で「縄文まほろば展」が開かれ、青森県三内丸山遺跡の発掘成果が大フィーバーで迎えられ、〝豊かな縄文人の生活〟〝縄文時代像を変える〟などのキーワードが新聞やテレビに躍った。そうした中でも縄文農耕の可能性がいま関心を集めている。野生とも栽培ともまだ確証はされていないが、ヒエ（またはイヌビエ）などの穀物植物の種子や花粉が検出され、ヒョウタン・マメ類・ニワトコなどの栽培植物種子や、大量のクリやクルミも発見された。集落の近くに栽培林があったのではないかと推定される。こうして縄文人の自然と調和した多様な植物食料の利用は、栽培へ、農耕へと新しい生業活動を創造していったものと思われる。

鷹山遺跡滞在中の短時間、私は近くの雑木林にもぐりこんで、ではじめたばかりのキノコ狩りに熱中した。自然に育つキノコを手にして、私の血の中にはいまでも縄文人が生きているのだなと、深くなつかしい感動を覚えた。

縄文人の精神生活――土偶

間もなく一歳半になる孫がいる。私にとっては初孫の男の子である。生まれるまでは「孫などできてもそれにかまってマゴマゴしたりしないぞ」などと内心思ってみたが、いざ生まれてみると可愛くて仕方がない。しばらく顔を見ないと淋しくなって、何だかんだと理由をつけて、娘夫婦（当然孫も一緒！）を食事などに呼び寄せるこの頃である。

今年の夏休みの間、その孫が娘とともに数日を我が家で過ごすことになった。彼にとってはおそらく初めての〝外泊〟だったのだろう。最初の夜は慣れない寝床で眠ることが不安だったのか、なかなか寝つかない。ふと思い出して昔娘たちが使った後、記念に押入れの奥にしまってあった縫いぐるみ人形を取り出し、孫の枕元においてやった。彼はその人形をいじりながらいつの間にか眠りについた。

次の夜、一日遊び疲れた孫は夕食がすむと早々に寝床に入った。やれやれと安心して大人がお茶を飲みはじめていると、眠そうな目をした彼が突然居間に入ってきた。今夜もまただめかと思ってしばらく見ていると、その居間の隅に置いてあった昨夜の古い人形を手づかみにして、だまってそのまま自分の寝床のある部屋に戻っていった。しばらくしてそっと部屋をのぞいてみると、人形を抱くようにして孫はスヤスヤと眠っていた。

縄文時代（約一万二千〜二千五百年前）の遺跡から、よく土偶《どぐう》と呼ばれる遺物が出土する。粘土で造形した人形のことである。多いところでは数百点もまとまって出土する例もあるが、たいていの遺跡では数点ほどが発見される。つい最近、三重県で約一万二千年前の最古の縄文土偶が発見され、新聞やテレビで話題になった。このことからもわかるように土偶は縄文時代の最初の時期から終わりまで、間断なく作られた縄文人の精神生活にかかわる、きわめて重要な文化財だったのである。

いまこの短い誌面でその全容を紹介できないことは残念であるが、約一万年間にわたって縄文人によって作られ続けてきた土偶は、時代の変遷にしたがって形や表現に変化が見られる上、地域による様式差も明瞭で実に多様性に富んでいる。それに加えてハンドメイドの土人形であるから、縄文人それぞれの個性や、土偶作りにこめられた想いが造形や表現に反映して、縄文人の残した文化遺産の中でも最も魅力的で好奇心をひきつける遺物といえる。

写真で紹介した土偶は、長野県茅野市棚畑《たなばたけ》遺跡（縄文中期、約四千五百年前）から出土したもので、全高二十七センチ、重さ二・二キロを数える最大級の大形土偶である。写真では前面だけしか見えないが、なめらかで均整のとれた、全体としてふくよかで豊かな造形美を感じさせる女性像である。縄文集落の中央に近い広場に置かれてあったという出土状態が確かめられたこと、右足部にわずかな傷がある以外はほとんど無傷の完形品であること、そして上述のような造形美が評価されて、一九九五年この土偶は縄文時代の歴史遺産としては初めて国宝に指定された。日本最古の国宝である。そして多くの人びとに〝縄文ビーナス〟の愛称で親しまれている。

ところで、こうした土偶に対する学問的解釈、すなわち土偶がなんのために作られ、縄文人の日常の生活とどんなかかわりをもったかなどの点については、いまなお考古学界の大きな謎の一つといってもよい。

わが国最古の国宝である土偶「縄文ビーナス」。長野県茅野市の棚畑遺跡出土。高さ27cm。（国宝、尖石縄文考古館所蔵）

過去さまざまな学説・仮説が唱えられた。いわく「愛玩具説」「呪術具説」「護符説」「信仰具説」などであるが、近年の仮説では出土する土偶のほとんどすべて（先の〝縄文ビーナス〟のような完形品は特例に属する）が、身体のどこかが故意か自然か破損させられていることから、身近な人の病気や傷の部位を土偶の破壊（手術？）によって快復を祈ったという説（呪術具説）や、土偶の九十パーセント以上が明らかに女性像、とくに妊娠した女性を表現していることから、大地から生み出される恵みの豊饒《ほうじょう》を祈った「信仰具説」（地母神信仰）が、いちばん常識的な仮説となっているようだ。

私もそうした仮説にあえて異を唱えるものではない。ただはじめに書いたあの夏の夜、一夜の眠りを誘った古い縫いぐるみ人形に見せた孫の行動と、その人形を枕元において何の不安気もなく第二夜の夢を結んだ彼の愛らしい顔を思い出すと、考古学者による土偶に対する〝学問的解釈〟の中に、縄文人にも現代人にも共通する人間の本能に根ざした心性が貫いているという観点を入れてもよいのではないかと思えてくる。こうした心性というものは「前論理の心性」、つまり現代人が論理的に説明し立証しようとしても不可能なものであるかもしれない。しかしそうした心性を大切にする精神が、人類史の次の時代を救う大きな糧になるのではないかという予感を、なんとなくもつのである。

銅鐸の謎をめぐって

勤務する大学で私が参加しなければいけない会議は数えきれないほどある。理事会・評議員会・学部長会など学内の会議のほか、各地の校友会や父母会など多種・多様である。そしてそれらの会議に出席する人びとの顔ぶれは老人から若手の人まで、職業も地位もそれぞれ異なって実に多彩である。もちろん大学の関係の会議だから集まる人は、学長である私が考古学者であることは誰でも知ってくれている。

ここ一カ月近くの間、それこそ毎日のようにどこかで開かれる会議の席上で、学長として会議の内容について発言する以上に、考古学者として私が答えなければならないのは、「銅鐸《どうたく》の謎」に関してである。それはいうまでもなく一九九六年の十月、全国紙が競って一面トップで報じ、テレビもくり返しとりあげた、島根県加茂岩倉《かもいわくら》遺跡から三十九個という、これまでにない大量の銅鐸が発見されたというニュースに起因する。

残念ながら私の考古学の専攻分野は、銅鐸が作られた弥生時代よりずっと古い縄文時代や岩宿（旧石器）時代といった石器時代であって、銅鐸のことを専門的に研究したことはまったくない。しかしおそらく日本中の人が等しく強い関心を示したにちがいない銅鐸の謎について、門外漢ではあるが考古学研究者の一人として、話題をもちかけてきた多くの人に語った〝銅鐸論〟の一端をここで書くことにした。


「学長、銅鐸っていうのはいったい何に使ったんですかね？」。十人中十人誰もがまず発する質問である。試みに字引きで「鐸」の意味を調べてみると「扁平な鐘形で内部に舌《ぜつ》をつるし、ゆり動かして音響を発する鳴りもの」と書いてある。事実、銅鐸の中には内側に舌の接触や摩擦の痕跡のある例もあるし、銅鐸と一緒に舌が出土したことも稀例としてある。だから私は現代人の日常生活に則して、「まあ、風鈴のようなものと思えばいいのでしょう」と答える。

すると「あの青銅の鐸がそんなにいい音が出るんでしょうか？」と重ねて疑問が発せられる。奈良県立橿原《かしはら》考古学研究所附属博物館には、弥生時代のそれとまったく同じ成分の青銅で、まったく同じ形の模造の銅鐸が展示されていて、自由にひもを引いて音を〝鑑賞〟するコーナーがあった。数年前のことだが私も試しに銅鐸の音色をたしかめたことがある。「ガチャガチャ、ガラガラ」と〝鑑賞〟に値しない音だった。

しかし私は考古学者の端くれだから、この音色の歴史的背景を考えて納得した。すなわち、銅鐸の作られた弥生時代は日本列島住民にとって、金属器時代の夜明けの時である。先進地域の中国文明から遅れること二千〜三千年後、大陸製の青銅の武器や鏡などが日本に入ってきた。そして同時に鉄の道具も輸入された。

とはいっても弥生人が日常使う多くの道具は、縄文時代からひきついだ石や木や土で作ったものだった。したがって弥生人にとっては、金属器は単なる道具という意識を超越したところにある〝宝器〟であっただろう。鋳造したばかりの金色あるいは銀色の輝きをもつ銅鐸の金属音は、それぞれの村で生活する弥生人にとっては底知れぬ深味と神秘性を覚えさせる〝時代の鐘〟の音だったはずである。

「ベルには使えそうもない飾り物のような大きな銅鐸もありますね?」。これは少しもの知りの質問だ。銅鐸研究の第一人者である佐原真さんは銅鐸の様式の変遷を詳しく調

島根県雲南市の山中の加茂岩倉遺跡で、一カ所にまとめて埋められていた39個の銅鐸のうちの一つ、35号銅鐸。身の上のほうにトンボが、裏面にはシカやイノシシが描かれている。高さ47.4cm。(国宝、雲南市教育委員会提供)

べ、「鳴り物としての役割が重視された〝聞く銅鐸〟が、のちに美しく立派に飾られた〝見る銅鐸〟に変質した」と説明する。こうしたことは私たちの身近にもよくあることだ。例はよくないが、忙しい公務の合間の短い時間、自分の書斎に座っていると、読むことのない書棚の学術書が本来の役割を捨てて、私を圧迫する神性を帯びた存在に見えてくる。

今回発見の加茂岩倉の三十九個の銅鐸は村祭りで使われていたはずのものが、村々から集められ山の中や巨岩の下に埋納《まいのう》されたものと考えられている。そこで、多くの人びとの質問の最後は「どうしてそんなところに？」ということになる。

弥生時代の終わりとともにまったく姿を消した銅鐸が、その後最初に発見されて歴史の記録に残されたのは、八世紀に書かれた『続日本紀《しょくにほんぎ》』という歴史書といわれる。以来戦国・江戸・明治・大正・昭和と続いて発見数は増加し、この間の千二百〜千三百年、好事家や歴史家・考古学者が「銅鐸の謎」にまつわる論議をくり返してきた。現在の学界でもいくつかの仮説がある。村や地域共同体間の争いに際しての宝物の隠匿《いんとく》説。村祭り以外の時はしまっておいたという貯蔵説。共同体の四囲に埋めて悪霊の侵入を防ぐ呪術説等々である。

そして銅鐸について見逃せないもう一つの歴史的意義は、その分布の状態が示す日本古代国家形成期の政治や社会の姿であろう。加茂岩倉の銅鐸は、銅鐸の謎の解明に大きな前進を約束する大発見にちがいない。

大きく変わる縄文人像

師走の夕方、すでに〝考古学廃業・学長専業〟と自認（忍？）しているところに、珍しくある新聞社から取材の申し入れがあった。元旦号の考古学特集の記事のためだという。ここ十数年来、年末年始の紙面を大きく使って、その年一年の考古学上の発見や話題を特集するのがマスコミの慣例となっている。それだけいま考古学ブームが続いているということだろう。私も大学の会議の忙しい合間を縫って取材に応ずることにした。

「今年は三内丸山遺跡の特別展が全国各地で開催されて、縄文時代観が変わったと騒がれていますが、これについてどのような考えをもっていますか」という記者の最初の質問が今回の取材（特集）の主題だった。

「まさに〝国民的〟にそうとらえたのだから、そういうことでしょう」という、ややい

小学生が描いた縄文人像。「この草、食べられるかな」「この草おいしそうだけど、食べられる?」「どれどれ、ほー、これはおいしいぞ」この版画を見ていると、老人と子どもたちとのこんな会話が聞こえてくる。(『縄文人は生きている』有斐閣より)

じわるな私の最初の答えは記者の意図に対するこちらからの試問でもあった。それに応じてさすがにその記者は、拙著を含めた何冊かの本をあらかじめよく読んでいたのだろう。「しかし縄文時代について過去にどのような時代観があり、それがいまどのように変わったのかということは、これまで学者先生はあまり書いていないようですし、一般の人びとも何が変わったのか本当のことは理解しないまま、変わった、変わったと思いこんでいるような気がしますが……」と切り込んできた。

これなら話になるな（失礼多謝）と考えて、私が弁じた〝縄文時代観の転換〟の話は、大略次のようなものだった。

いまから五十二年前（一九九七年当時からみて）、太平洋戦争が終わった。それ以前に日本国民が知っていた日本歴史の中には、学校で教えられる歴史の教科書を含めて、縄文時代や縄文人はどこにも存在していなかった。実際に日本列島に縄文人が活動していた二千数百年前以前は、日本は神話の世界であり、多くの神々が国造りにはげんでいたと、日本国民の多くはそう教えられ、またそれを固く信じていた。

しかし、考古学者と称する一部の専門家は、貝塚や縄文土器の存在を十分に知っていたし、知るだけではなくそうした縄文人の残した歴史遺産をたくさん発掘し、実に精緻な考古学的研究を重ねていたのである。にもかかわらず、縄文時代の歴史もその時代にまさしく生きていた縄文人も、日本歴史の〝正史〟からは抹消された。それどころか縄文人は日本人とは無関係な先住の野蛮人であり、日本人の祖先（神話の神々）によって滅ぼされ、国土の中心から追いやられた民族であるというのが、人類学者や考古学者によって語られた縄文人像、縄文時代観であった。

半世紀前の敗戦を契機として、戦前の歴史教育は否定され、初めて縄文人が日本歴史の中に登場した。この時、縄文時代観はまさに歴史的な大転換を遂げたといってよい。しかし残念なことに、戦前に形づくられた野蛮な先住民族という縄文人像は強く日本人の意識の中に根づいていた。その証拠がある。二十年近く前のことだが、ある女子大学で講義をもったとき、開講一番私の質問に答えた大部分の女子大生の縄文人像は、「みじめで、貧しい野蛮人」のイメージで表徴されるものばかりであった。それが中学や高校時代に授業で教えられている、おそらく平均的な日本人の縄文人像だろうと思って、考古学者としては愕然とした。

一方この頃、たまたま郷土学習の一環として学校の近くの縄文遺跡の見学や発掘を経験した東京郊外の小学校六年生が、共同制作をした版画集が私の眼にとまった。縄文人の生活体験学習や話し合いを通じて、子供らしい率直な感覚とのびのびとしたタッチで、いきいきとしたたくましい縄文人の日常生活を描き出したすばらしい版画が八十枚。そして、縄文人に巡り合った感動を書き綴った多くの作文が添えられていた。その中の一つには「縄文の人びとは生活のもとになるものを築いて残してくれたから、ぼくたちも後の人間たちのために、なにかを残していきたい」という感想文があった。感動した私はこの版画集を編集し、ある出版社から一冊の本にまとめて出版してもらった。そしてその本に『縄文人は生きている』と表題をつけた。

こうして小学生たちが出会ったすばらしい縄文人像・時代観は、その後の大発見や自然科学者の参加による学際的な研究の発展などによって、いま次々に実証されつつある。三内丸山遺跡もその延長上にある一つの大発見であろう。それをフィーバーやブームで終わらせない、本当の意味での「縄文時代観の転換」を定着させるのは、これからの研究者の努力であり、日本歴史の中で縄文時代を正しくどのように位置づけるかといった歴史観の問題であると思う。

技術の進歩と人類の未来

　年末年始の間に、普段はあまり見ることがないテレビを久しぶりによく見た。たいていは気の張らないスポーツや時代劇だったが、その合間を縫うように時節柄といおうか、二十世紀とはどんな時代だったか、また二十一世紀に向けてなにをなすべきかを問うような、やや硬派の番組が比較的多くて、私はよくそれにチャンネルを合わせた。おそらくその理由は〝大学冬の時代〟などといわれるこの時期を、なんとか乗り切らねばならないと考え続けている職業意識と、それに加えて人類五百万年の歴史を研究する考古学者の一人として、これからの人類の繁栄と生存を願う義務感のようなものが、そうした番組を通して刺激されるからであろう。

　よくよくふり返ってみれば、いまの私たちが生を受けている二十世紀と呼ばれる時代はたったの百年。五百万年以上の年代を刻む人類史の悠久さにくらべれば、それはほんの一瞬の時間に過ぎない。しかし、この一世紀が実にめまぐるしい時代であったことは事実である。ある意味では混乱に満ちた時代といえるかもしれない。

二十世紀という時代は、前世紀にヨーロッパを中心にして普及した産業革命の波のあとを受けて、工業が発達し、科学技術は目をみはる高度化を遂げた。それは私たちの遠い人類の祖先が足元に転がる石ころや棒切れを拾いあげて、猛獣を倒す最初の武器とし、その体験をもとに長い年代をかけてそれを鋭い刃をもった石器に変え、さらにそれを飛び道具に改良していったなどという、気の遠くなるような緩やかな道具と技術の進歩の歴史を思い出せば、現代の私たちが手にしているそれは、まさに人間のなせる業を超越して〝神々の造形物〟といえるほどのものである。

こうした高度な科学技術を生み出し、産業社会の繁栄をもたらした〝二十世紀人類〟は、しかし果たして全人類史の上でほんとうに偉大な貢献者として誇りうる存在であるのかどうかが、二十一世紀を目の前にしていま問われようとしていると思う。ちょっと回想してみても、二十世紀は世界的な大戦争、地域的な紛争等々を含めて戦火の絶えな

約1万年前の祖先たちが作り残した“芸術品”ともいえる美麗な石鏃（弓矢の矢じり）。長野県諏訪市の諏訪湖底曽根遺跡から出土した。左上:長さ1.8cm。（藤森栄一資料、諏訪市博物館寄託）

い時代であった。その原因はいろいろであったが、共通していえることは、進歩した科学技術が作り出した原子爆弾を頂点とする最新兵器が、人類史の過去にはあり得なかった多数の人の生命を奪い、また傷つけたことだ。それに加えて物質的繁栄への〝二十世紀人類〟のあくなき欲望は、地球規模の環境破壊と限りある地球資源の枯渇への危機感をつのらせるにいたっている。

それればかりではない。人類史の過去を研究する私はもう一つの危機を訴えなければならない。先ほど〝大学冬の時代〟と書いた。〝就職氷河時代〟などというマスコミ用語も去年は流行した。そして核兵器の危機を訴える識者の中には、その使用を許すことは〝新しい氷河時代〟の到来を意味すると表現する人も少なくない。このように使われる〝氷河時代〟という言葉はただ単に表現の問題ではなく、また過去に忘れ去られる不幸ではなく、自然史の輪廻の中でいや応なく将来の人類が再び体験しなければならない現実の課題なのだ。

最も現代に近い人類史的な事実としていまから約二万年前、地球はそれまで数百万年の間にくり返し見舞われ続けた氷河時代の最後の氷河期を迎えた。舞台を日本列島の周辺に限ってその状況をみれば、年平均気温は七〜八度も寒冷化し、東京湾の水が空っぽになるほど海面が低下した等々。私は予言者ではないから次の氷河期が何年後に襲ってくるのかは予測できない。しかしこれからの人類史の中で氷河期がまったくないということは決してあり得ないとは断言できる。

未来に向けて人類史は永遠でなければならない。これは考古学者としての私の信念である。それは過去の人類が寒冷な氷河時代や苛酷な自然環境を克服して、文化を育て、技術を伝承し、二十世紀にいたる人類の歴史を作りあげてきたことへの限りない愛着に基づくものであろうか。

そして二十世紀を生きてきた一人としていま切実に思うことは、道具を作るこころと使うこころがいつも正しくかみ合うような人類の英知を早くみんなが出し合い、人類自らが作り出しかねない〝氷河時代〟の危機を徹底的に克服し、やがて来るであろう本当の氷河時代に備える科学や技術の開発を急ぐことである。そのことによって、いま最高の技術におごる〝二十世紀人類〟が、地球を滅ぼし、人類を破滅させる主役になることなく、現代の繁栄と最高の科学を人類史上の金字塔として輝かすことのできる、確かな二十一世紀への展望をもつことにつながるものと信じて疑わない。

II

縄文土器の世界

土器はなにを語るか

人類史の変革を語る

人類の生活文化史全体の中で、粘土を焼いて作られた容器、つまり一般に土器といわれるものが、いつごろ、どこで、どのようにして発明され、それが人類の生活や歴史をいかに変えたかといった問題は、まだ正確にわかっていないといってよい。

かつて『古代社会』（一八七七年）を著したモルガンは、人類の発展段階を野蛮→未開→文明の三段階に分け、その未開のはじまりの最も大きな物質的指標として、土器の発明をあげた。その後、イギリスの考古学者チャイルドはそれをひきつぎ、新石器文化とくに農業文化の開始と土器の使用は密接な関係があるとして、土器の存在を「新石器革命」の所産であると評価した。

こうした世界的な学説は日本の学界でも広く受け入れられ、長いこと、日本列島の石器時代に栄えた縄文土器の源流は、新石器文化の発祥地である西アジア（オリエント）に発し、中国大陸を経て列島に達したものと考えられ、その年代はせいぜい五千〜四千年前と推定されていた。

しかし、その後の考古学研究の進展、日本では戦後の研究を中心にして、右のような定説を改めなければならないことが明らかになった。以前から、北欧の各地では農耕文化の伴わない土器の存在が知られ、日本列島でも縄文土器をもつ縄文時代は、農耕をもたない狩猟・漁労など採集経済段階の文化に属していたわけであるが、その日本列島で一万年の古さをこす世界最古の土器が明らかになったのである。この小稿は土器の起源を問題とするものではないので、詳しい説明は省略するが、いまや土器はその出現と伝播が一元的なものではなく、世界の各地でそれぞれの状況と必要に応じて、多様な姿をもって発明されたとみられるようになったのである。

日本列島の実情についていえば、いまから約一万二、三千年前、地質時代が第四紀更新世から完新世に移り変わる頃、すなわち数万年間にわたって続いていた岩宿（旧石器）文化が終焉に向かう頃、土器を必要とする条件が生じた。それは寒冷な氷河期から後氷期に向かう気候の温暖化の進む中で、それまで日本列島を闊歩《かっぽ》していた大形の動物（ゾウやオオツノシカなど）が移動をはじめ、やがて多くは絶滅していく。そうした動物を主な狩猟の対象として生きていた岩宿時代人に、生活の転機、とりわけ食生活の改善が必要となったのである。

彼等が目をつけたのは、草原にかわって次第に増えてきた森や林にある山の幸であった。木の実や草の根は、多くは熱を加えたりして調理しなければ、栄養も味も消化も悪いし、だいいちそのままでは食べられないものも多かった。そこで発明されたのが、食料を煮炊きするための、火にも強い土の器だったというわけである。

こうして日本列島住民は土器を作りはじめた。その最古の年代は一万二千七百年前。そんな古い土器を作る技術を列島住民が自ら開発したのか、あるいは周辺の外地からもたらされたものか、その出自系統はわからないが、いまのところ世界でも最古の部類に入ることは確かである。

いずれにしても、日本列島では氷河期から後氷期への自然の変動に適応する、列島住民の新しい生活への対応の中から土器が出現したのであり、そうして出現した土器は新しい時代と文化の発展を促す、欠くことのできない文化的要素として機能したのである。

長崎県佐世保市の泉福寺洞窟で出土した豆粒文土器。日本列島で最古の土器の一つ。復元高さ12.5cm。（国重要文化財、佐世保市教育委員会所蔵）

原始・古代人のこころを語る

日本列島の原始・古代に作られた土器を年代順に並べてみると、まず縄文土器（「原土器時代」あるいは「草創期」といわれる時期の土器も含めて）は約一万二千年前から約二千三百年前までの約一万年間、次の弥生土器はその後約千七百年前までの六百年間、さらに土師《は》器《じ》《き》と呼ばれる土器が古墳時代から奈良・平安時代までの約八百年間、古墳時代の土師器の後半の時期には、新しい製陶技術を用いた須恵器《すえき》があらわれ、釉薬をかけた陶器へと発展していくのである。

こうして各時代の土器は、それぞれに長い時間的経過の中で生み出されたものであり、同じ縄文土器あるいは弥生土器といっても、いろいろと異なった顔をもった土器が多い。例えば最も時間の長い縄文時代の土器についていえば、日本列島全体に五百以上もの型式があって、中部地方の中期の土器（約五千年前）と、九州の晩期の土器（約二千五百年前）とでは、これが同じ「縄文土器」といえるのだろうかと不思議に思うほど表情は異なっている。九州の晩期の土器などはその表情だけからいえば、むしろ次の弥生土器と似た特徴をもつものが目立ち、どこで両者を区別してよいかわからないほどの土器もある。それでも一方は縄文時代の縄文土器なのであり、一方は弥生時代の弥生土器なのである。日本考古学は伝統的に土器のちがいで時代を分けることを行ってきたが、縄文から弥生文化への変化の画期は、最近の各地の資料で、稲作起源の年代が次第に古く溯ってきたということもあって、「時代区分」の再検討が必要となってきているのである。

少し話がそれたが、土器は長い時代の間に変化はしたが、それでもトータルとして各時代の時代性を示すような特徴をもっている。縄文土器は一般的にいって、日常的な生活器具としては過剰なほどの装飾と、多様で複雑な器形をもつものが目立つ。縄文土器の発達は全列島的に中期に一つの頂点に達するが、その中でも長野県などを中心とした中部地方あるいは関東地方の土器は、原始的な活力のありったけをぶっつけたような、すさまじいほどの造形を生み出している。そのいくつかを見ていると、縄文人の全精神力と「芸術的」情熱のすべてが、土器作りに集中されているかのように思える。事実そうであったにちがいないと私などは考えるのだが、それは「前論理の心性」とでもいうしか表現のしようのない縄文人の精神と、またよくいわれるように「呪術性」の強い縄文社会の反映であろう。

それに対して弥生土器は、貯蔵のための壺《つぼ》、煮沸のための甕《かめ》、供膳あるいは供献のた

神奈川県横浜市の二ツ池遺跡で出土した弥生土器。美しく飾られた壺。高さ30.8cm。(明治大学博物館所蔵)

めの杯《つき》などといった、非常に生活の匂いのする容器のセットとして存在する。飾られる壺と飾られない即生活的な甕は、縄文土器にはみられないほどはっきり区別され、飾られるべき壺の文様も、スタイルの美しい器形をさらりとひき立たせる程度にほどこされる。これはまさに農耕文化が定着した弥生社会の実態のあらわれであり、農民的で牧歌的な弥生人のこころをうつした土器なのである。

土師器はより生活的な容器である。美しく飾られるということは、特別な例を除いてほとんどない。農民が苦心して収穫した稲も、それぞれの美しい壺に収めていつくしむという余裕は、古墳時代以後の階級社会では不可能だったろう。収穫物は支配者の穀倉に積みあげられ、農民はわずかな食料を、質素で実用的な土師器で調理し、小さな銘々の小鉢や皿（杯）に分ち合って、ようやく糊口をしのいでいた。須恵器や陶器が作られるようになっても、庶民の竪穴住居の生活では、粗末な素焼きの土師器がずっと後まで日常的な食器であった。しかしその食器はもはやホーム・メイドではなく、味も素っ気もない規格品が専門的に大量生産され、農民の間に流布したのである。このように土師器は大和政権を頂点とする支配段階の政治が、農民の生活をきつく束縛するきびしさを表徴しているといってもよい。

以上のようなおおざっぱな見方では、各時代の土器がのぞかせるこころを、すべて説明したことにはならない。縄文土器にしろ、弥生土器も土師器も、そして須恵器も陶器も、原始・古代の土器はもっと何か深いこころを私たちに呼びかけたいと願っているように思えて仕方ない。

時代の推移を語る

「土器は考古学のアルファベットである」といわれるほど、考古学者にとって土器は重要な研究の対象とされてきた。それは一つには、前項でも触れたように、長い年代の間に土器は少しずつ表情を変え、形を改め変遷したから、その変化を正確におさえることによって、年代を測る尺度とすることができる。

縄文土器には五百以上の型式があると前に述べたが、それは日本列島全体で地方色をもつ土器も含めた数であって、例えば関東地方という一つの地域をとってみると、最古の縄文土器から最後のものまで、約一万年間に最低五十の型式が継起したことが知られている。ということは、関東地方では土器の型式変化をたどることによって、五十の時期を区切ることができるということである。

こうして土器などを指標として年代の推移を知る研究の方法を「編年」というが、日本の考古学では昭和初年以来、半世紀以上にもわたって、この編年研究に全力を傾け、いまでは縄文・弥生・古墳・古代の全時代を通じて、土器型式を基準とした編年の体系がほぼ完成の域に達している。その物さしとしての精密さは、世界の考古学で他に例をみないほどといってよい。

縄文土器の編年研究の創始者であり、またその体系の確立者であった山内清男《やまのうちすがお》氏は、もう五十年も前に編年研究の目的を次のように展望した。すなわち「縄文土器の文化の動態は、かくの如くして――土器型式の細別、その年代、地方による編成、それに準拠した土器自身の変遷史、これによって排列されたあらゆる文化細目の年代的・分布的編成、その吟味等の順序と方向によって解明に赴くであろう」(『日本遠古之文化』一九三二年)と。つまり土器の編年研究の目的は、縄文文化の動態を知る基礎的方法であると位置づけたのである。

いま考古学界には編年研究の評価に関して、「いつまで編年をやるのか」という批判や、「考古学が続く限り」必要だという見解がある。どちらも理由のある意見である。ただ考えておかねばならないことは、新しい土器型式を加えて、あるいは既成の型式を限りなく細分して、物さしの目盛をひたすらに細かくすればいいというのではなく、山内氏が展望したように、文化の動態、歴史の動きを明らかにするような方向での研究が、いま編年研究に求められているということも事実である。

地域史の動態を語る

縄文土器から土師器まで、日本列島の原始・古代の土器を通時的にながめてみると、最古の土器の発生は人類史の変革期を背景としているが、以下の縄文から弥生、弥生から土師へという移り変わりは、少なくとも土器の型式変化の上では全般にスムーズであって、ドラマチックな歴史の変化を感じさせない。ましてや縄文土器をはじめ各時代の土器の内部での型式変化は、より伝統的で連続性が強い。

しかし、こうした時間的な変遷に、空間的・地域的な分布や変化を加えると、俄然、土器は動き出す。

縄文文化の確立した時期を示す早期前半の土器には、東北日本の貝殻沈線文《かいがらちんせんもん》系土器群、関東地方の撚糸文《よりいともん》系土器群、長野県を含む以西の西南日本の押型文《おしがたもん》系土器群の三つがある。日本列島を三つの大きな分布圏にわけるのである。ところがその後にくる前期・中

埼玉県東松山市の五領遺跡で出土した古墳時代の畿内系の
土師器。火にかけたときの煤がついている。高さ15.3cm。
（明治大学博物館所蔵）

期の段階になると、その分布圏は分裂して、六ないしはそれ以上にわかれる。とくに縄文時代の最盛期である中期には、長野県の周辺をみただけでも、関東東部、関東西部と甲信地方、新潟、北陸、東海といったように、地方色の濃厚な土器が各地に簇生《ぞくせい》する。しかし後期になると情勢が変わって、関東や西日本の土器が広い範囲で流通し、晩期になると再び早期と同じように、大きく東西日本とその間にはさまれる関東地方という三つの分布圏に戻るのである。

弥生土器にも動きはある。弥生時代のはじめ前期には、遠賀川《おんががわ》式系土器という非常に斉一性の強い土器が、まず九州から濃尾平野付近までひろがって定着し、その尖兵のように長野県や東日本各地に、断片的にとはいえその遠賀川式系の土器が浸透するのである。その後、弥生文化、すなわち農耕生活が定着し発展するとともに、各地に地方色の強い弥生土器が誕生する。畿内地方の研究では、土器の製作技術や器表面の調整技法（刷毛などを使う）の細かな比較分析によって、弥生時代の社会を構成する集団（一つのムラといったような）の間にそれぞれがもつ土器に微妙な差が認められ、さらにそうした異なった出自の土器が相互に交流している事実から、集団間の関係を導き出した研究の実例もある。

弥生時代の後期における長野県は、千曲・天竜川両水系の地域を地盤として、かなり顕著な土器の地域差が認められる。それがどのようにして形成され、次の時代にどのように変化していくのか、それは信濃古代史の展開にからむ問題として、すでに土器研究の域をこえるのであろうが、その歴史的な動態のなにかをたしかに土器が反映しているのである。

弥生土器が生み出した地域色を払拭したのは、土師器の登場である。初期の土師器にはその地域の弥生土器（後期）の伝統が残るが、同時に近畿やその周辺の「先進地域」で作られた土器が、そのままもち運ばれてきたものも少なくない。そして土師器は弥生土器にくらべて、相対的に地方色がとぼしいということで性格づけられているように、画一的であり、型式の時間的な変化も列島縦断的である。

前にもふれたように、土師器が行われるようになった時代を、一般に「古墳時代」と呼ぶ。長野県では畿内などより一世紀以上も遅れて最古の古墳が築造された。全国的にはもっと遅い地方がある。しかし古墳時代以前に、農耕社会として古墳文化発展の基盤を作った弥生文化があった以上、実際に古墳はなくても、弥生時代をつぐ「古墳時代」「古墳文化」は確実に開始されていたはずである。事実、最古型式の土師器は県内のくまなく各地で出土例がある。だとすれば、土師器は古墳に代わって、古墳時代の地域史の動態を明らかにする唯一重要な考古資料といわなければならない。

もう一つ重要なことは、土師器は農民が直接、生活の場で用いた日常的な道具であるという点である。永い学史を通して、古墳に副葬された「宝」を研究しても、それは古代の社会の構造の一部を知ることにすぎないという反省がしばしば行われてきた。その反省を実体のあるものにするためにも、土師器をして、社会の基層を構成するもの、そして地域史の中に生きているものを、もっと語らせなければいけない。

縄文土器への憧憬——有孔鍔付土器

いまから約一万数千年前にはじまり、二千数百年前にいたる約一万年間、日本列島のすみずみにまで、旺盛な生活の歴史を刻んだ縄文人と、彼等の残した文化やその時代について、それがどんな性格をもつものだろうかという考え方、すなわち「縄文時代観」はここ十数年の間に大きな転換をとげた。

みすぼらしくて、なにか不潔であわれな縄文人が、森や林の片隅で、あるいは海や河の狭い岸辺で、ほそぼそと暗くじめじめした原始生活を続けていたという縄文時代のイメージ（これが平均的日本人の縄文時代像であることを数年前のある調査で知った）は、いまや「縄文人は生きている！」と、現代人である私たちが思わず叫びたくなるほど、いきいきとした創意と活力にあふれた時代として、多くの人びとの眼にうつるようになった。

そうした縄文時代観の転換を促したその原点には、日本列島の原始時代史を通じて、最大ともいえる繁栄を築きあげた、広大な八ヶ岳山麓を舞台とする縄文時代中期の文化があった。そしてその豊富な考古資料に対して積みあげられた、創造性に富んだ研究があったのである。

縄文時代中期の八ヶ岳山麓やその周辺の信濃一円では、現代の芸術家も舌をまくような、すばらしい土の造形が、日常の容器であり生活の器具である土器を媒体として、極度にまでといえるほどの発達を示した。

縄文土器は岡本太郎氏の表現を借りるなら、「激しく追いかぶさり、重なり合って隆起し、下降し、旋廻する隆線文、これでもかこれでもかと執拗に迫る緊張感、しかも純粋に透った神経の鋭さ、常々芸術の本質として超自然的激超を主張する私でさえ、思わず叫びたくなる凄みである」（「縄文土器論」一九五二年）というような、それこそ器面いっぱい、いや容器としての機能などまったく無視するように、繁縟とも絢爛豪華ともいえる文様で飾られている。それが縄文中期の土器の一つの大きな特徴である。岡本氏はそこに現代人の感覚をはるかに超えた、第四次元の世界を見ると驚嘆したのである。

そうした縄文中期の土器群の中に、有孔鍔付《ゆうこうつばつき》土器と呼ばれるいっぷう変わった土器が、全体としてはわずかながら、しかしかなり普遍的に存在する。写真の資料はその代表的な一例である。口縁のすぐ下に鍔のように隆帯がめぐり、その上端にそって土器の内側まで貫通する孔がほぼ等間隔に並んでいる。そのことがこの土器の名称の由来である。

縄文土器は一般に、それが作られた時期と地域によって、それぞれ共通した一つの様式をもっていて、文様や形態など同時期、同地域のものはどれでも似かよった特徴をもっている。それはいわば流行でもあり、ある地域の社会集団の間で守られた約束であった。それは自然との調和を第一義とする縄文的生活の維持を確認する連帯感の表象でもあったのだろう。

ところがその中で、有孔鍔付土器だけはきわめて個性的で、どれ一つをとってみてもまったくちがった表情をもって存在する。それは実に土器製作者の自由な表現が許された、限られた作品の世界であり、こころの深層で縄文人のなまのこころを伝える土器のような気がする。

この土器には縄文中期の土器に通有な激しい繁縟な文様はなく、磨かれた器面の肌はなにか無気味な温かささえ感じさせる。三段にくびれてふくらみをもつ全体のプロポーションは、豊かな母体を見るようであり、上段の長円形に区画された丸味と、そこに赤

長野県茅野市の長峯遺跡で出土した有孔鍔付土器。
高さ40.5cm。（尖石縄文考古館所蔵）

色顔料で描かれた小さな渦文《かもん》は、豊満な乳房の表現ともうけとれる。そして中段中央の浮文《ふもん》の単純な図柄は、生命を宿したばかりの胎内の人の形にも似ており、人知れぬひそかな世界を想念したのかもしれない。この神秘な器の内に醸し出される新しい生命（おそらく木の実の醸造酒だろうと武藤雄六は考える）に、縄文人は限りない夢をかけ、そうした行為を通じて、生きとし生きる自らの命を、歴史の中に残したのが縄文人だったのにちがいない。

いま私たちが縄文土器に憧憬にも似た美を認めようとするのは、生き抜くことにただひたすらに命を燃焼させた、おおらかでたくましい縄文人の生命力を、そこに発見する喜びを求めるからにほかならない。

縄文人の心理の深層——抽象文装飾土器

その生命一万年を数える縄文土器の歴史は、地球上まれにみる多様な装飾の世界である。

一本の縄の圧痕を素材とする縄文という文様にしても、縄の撚り方、組み方などを工夫して、縄文人は百種類以上のバラエティーに富んだ縄文を、土器のカンバスの上に描き出すことができた。

ヘラ、竹の管、貝殻の縁、そして粘土のひも等々と素材を変え、それらの組み合わせを変化させれば、実に無数ともいえる文様が生まれ、事実縄文人は時代時代でちがった趣向をみせながら、多彩な縄文土器の装飾にうちこんできたのである。

特別な用途の土器ならいざしらず、食物の煮炊きや、容れ物に使うだけなら、なぜそれほどまでに、手をかけた土器の飾りに執着しなければならないのか。縄文土器を前にしていま誰もが感ずる疑問であろう。

土器の文様に、なにかの意義や法則性を発見しようとした研究者もいた。そしてそれは結局、縄文人の前論理の心性のあらわれであるとしかいえないという結論になった。簡単にいえば、現代人の感覚では理解できない、また言葉では表現できない、縄文人のこころの奥底にひそむなにものかがあって、それは現代科学ではタッチできないものだというのである。要するに私たちには縄文人のこころはなにもわからないということである。

私はその結論を無責任な考えとは思わない。むしろ実証を重んずる考古学者の一人としてその通りだとも考える。

縄文土器の装飾に、なにか縄文人の意思が働いていたとしても、それはもともと、縄文人のこころの深く、まことにとらえにくい奥底に残る、深層心理のかすかな表徴としてあらわれたものにすぎないのではないか。それもストレートにではなく、土器を作り、文様を描く技術の過程を通して、ますます不可解に様式化され、表徴化されたものとして一つの形をなしているのである。

それほどにとらえにくい縄文人の深層心理に発する土器の装飾のなかにあって、驚くべき内容を私たちに語りかけてくれる土器が、まれにはある。縄文時代中期（約五千年前）、長野県富士見町曽利《そり》遺跡で作られたこの大形の抽象文装飾土器は、その最も典型的な、注目すべき一例である。

土器面いっぱいに描かれた奇怪な装飾は何を物語っているか。この資料を発掘し、所蔵する井戸尻《いどじり》考古館の報告書によれば、写真中央は蛙《かえる》、その左側に頭、右側に尾だけが見えるのは鰐《わに》、そして下の方に楕円形にみえるいくつかの区画は、その中に水路あるいは波の動きを表現した水田だという。ようするに大河を泳ぐ蛙（これは水稲農耕神だとされる）とそれを追う鰐がいて、その河のほとりに水田のある風景が描かれているという説明である。

もともと前論理の心性としかいいようのない、縄文土器の装飾について、右のような描写の真実を、直接実証することは、不可能かもしれない。しかし八ヶ岳山麓の高燥な火山灰台地に、もう五千年も前に居ついた縄文人たちの、何世代、いや何十世代前の祖先たちが、鰐が棲み、水田がひろがるどこか遠い南方の地にいて、その遠いかすかな故郷のイメージが、この土器を作った縄文人の心理の深層にうつっていたという発想は、

長野県諏訪郡富士見町の曽利遺跡で出土した抽象文装飾土器。
高さ55.5cm。（井戸尻考古館所蔵）

けっして荒唐無稽な話ではない。

縄文時代にすでに農作物の栽培があったという、従来の縄文時代観を変える学説は、井戸尻考古館のスタッフがいま、学界の先端を切って研究を進めている。たとえ土器そのものが語らなくても、その土器を生み出した縄文社会の背景が明らかにされて、やがて多様な縄文土器の装飾の謎を明らかにするだろう。

縄文人のエネルギー――水煙土器

いまから四、五千年前、文字通り山紫水明な信濃の土地は、私たちの祖先縄文人の世界であった。どこといわず山野にはけものがゆきかい、どんな小さな河川にも魚が群れていた。木の実、草の根も豊かに自生して、縄文人の食料資源となっていた。弓矢もオノも土掘り道具も、すべて効率の悪い石器が用いられ、けっして十分な生産性は期待できなかったとしても、恵まれた自然の中で、信濃の土地は、全国の他の地域にくらべて最も発達した縄文時代の文化を創り出している。

八ヶ岳南麓富士見町の井戸尻遺跡群の中で発掘され、「水煙《すいえん》土器」の愛称をもち、官製はがきのデザインにも使われているこの写真の土器は、数多い世界の原始芸術の作品の中でも超一級と折紙づきのものである。

長野県諏訪郡富士見町の曽利遺跡で出土した水煙土器。
高さ43cm。（井戸尻考古館所蔵）

この縄文土器のもつすさまじいばかりの迫力。荒れ狂い、逆巻き、突き抜けて、小さな器体から全空間に向けて盛りあがるような、立体的な渦巻文のはげしさ。それでいて全体としてバランスを失わない器形の安定感。岡本太郎氏はこうした縄文土器の造形を「第四次元の世界との対話」と表現した。そして約二千年前の弥生時代以後、日本人が米食民族となってからつちかわれ、さまざまな外来文化のために変質もうけたいわゆる日本的伝統によって、この縄文土器の美は日本人と断絶させられてきたものだという。そしていま日本人の感性の中にそれを呼びさますことが、日本人としての根源的な感動を再発掘することだと強調されている。

縄文土器に対するこの評価に、それ以上言葉を加える必要はないが、私たちはこうした縄文土器が、その作られた時代には日常の容器として、日常生活の中で作られ、そして彼等の生活の場所であった竪穴住居跡の中に、なんのこともなく数千年間もうちすてられていたという事実に、一つの驚異を覚えるのである。

ふりかえって、いまの私たちの日常生活の中に、明日の歴史をきりひらくような創造的活力を見出すことができるだろうか。いやそうしなければいけないのだと思う。歴史の原点にあって縄文土器は、現代人である私たちに何かを訴えているように見える。

小さな器に豊かな祈り――吊手土器

小さな土器である。全高十三センチ、手のひらにのせて、ちょうど収まる。飾り気のすくない、粗い造りの土器である。縄文土器、とくにその最盛期にあたる縄文時代中期の土器は、絢爛豪華、繁縟ともいえる文様が、土器の表面を、いや本体をはるかにとび出して、土器本来の機能を損なうと思われるほどに、いっぱいに飾られることを特徴とする。それだけに、粘土を選んで、それをこねるにも、形を整えて造りあげるにも、縄文人はさまざまな工夫と技術をこらした痕跡を、一般の土器にははっきりと残している。

ところがこの小さな吊手《つりて》土器には、装飾らしい文様はなにもなく造形のための細かい技巧もみられない。部厚い土器の器体は、白い砂を表面いっぱいに浮き出させた粗い粘土でつくりあげられ、大地のような土の質と色と匂いが、そのまま一つの小さな土器に化けたようである。

そうした素朴さのなかに、かえってこの小さな土器のもつ、無気味さともいえる、ある迫力さえ感ずる。

この小さな吊手土器は何に使われたのだろうか。よく見ると土器の主体部であるいちばん下の皿の底には、油のシミがついたような変色があり、橋のようにかけられた大きな吊手の内側は煤けて黒い。おそらく皿に獣脂を入れ、その中に小さな灯心を立てて、灯をともしたものにちがいない。

灯のついた器は吊手の両側につけた環状の把手《とって》にひもをつけて、竪穴住居の梁から吊り下げられ、いちばん上の杯《さかずき》のようなところには、ある時には木の実や植物の種を入れ、また時には動物の生血を注いで、小さな灯が放つ神秘的な力を信じつつ、縄文人が狩りや採集や生産の豊かさを祈った、そのための器だったのである。

吊手土器（釣手土器）あるいは香炉《こうろ》形土器といわれるこの種の土器は、縄文時代中期（約五千～四千年前）の、竪穴住居跡の数二十～三十戸を数える大きな集落遺跡から、一個か二個発見される。一遺跡から何十個、時には百個以上も出土する普通の鉢や甕などといった形の土器にくらべれば、それはまれな出土品であり、一集落、一部落ごとに一つ程度といった珍重な器であった。

ほかの土器が、その作られた時期や地域によって、何々型式などと呼ばれるような共通の特徴やクセを示すのに、吊手土器は尖石《とがりいし》（与助尾根《よすけおね》、茅野市）のもの、井戸尻《いどじり》（富士見町）のもの、前尾根《まえおね》（原村）のもの等々、それぞれの遺跡から出土したものが、それぞれの顔と姿をもっている。縄文時代、あるいは縄文社会一般を超越した一つの個性が、吊手土器のそれぞれの特徴となって表現されているといってよい。

それだけに、この一つの、小さな器に盛られた縄文人の祈りは、何ものにもまして大きなものであったにちがいないと考えるのである。

この吊手土器を出土した長野県茅野市与助尾根遺跡は、小さな沢一つへだてて隣り合う、国指定の特別史跡尖石遺跡とともに、日本の代表的な縄文時代の集落遺跡として著名である。出土した遺物にすぐれたものがあるというだけでなく、そこは故宮坂英弌《ふさかず》先生が昭和初年から約半世紀にわたって独力で、わが国最初の集落遺跡の研究にとりくんだ、学史上記念すべき遺跡でもある。

いまその一角に立つ新装なった尖石縄文考古館は、その意味でも、小さな個人の学究

長野県茅野市の与助尾根遺跡で出土した吊手土器。
高さ13.5cm。（尖石縄文考古館所蔵）

の、大きな学問への情熱をひしひしと伝えてくれる。それは、この小さな吊手土器にこめられた大きな縄文人の祈りのように。

縄文土器の美——顔面付吊手土器

　長野県から山梨県にまたがってひろがる、八ヶ岳山麓の広大な火山灰台地は、「縄文のふるさと」と呼ばれている。そこには優に千カ所を超す縄文時代の遺跡が発見されており、とくにその中期（約五千～四千年前）の文化の絢爛たる発達の様相は、他の地域に例を見ないほどである。

　この時代にそこでつくり出された縄文土器は、かつてパリの展覧会に出品され、かのアンドレ・マルローが原始芸術の最高傑作の一つであると感嘆し、その造形の激しいエネルギーは、岡本太郎氏をはじめ現代の芸術家のこころをゆさぶった。

　岡本氏はその「縄文土器論」（一九五二年）の中で、お茶漬けの味や淡白で静的なイメージに代表される伝統的な日本人的感覚に反発した。そして、縄文土器のもつ四次元

長野県諏訪郡原村の前尾根遺跡で出土した顔面付吊手土器。
高さ30.2cm。（原村教育委員会所蔵）

の世界と対面した時のような造形の不思議さと、激しく、大胆で、かつなまなましい文様や装飾の原始美こそ、日本人のこころの源流として、また現代芸術の一つの原点として復興したいという強い希望を示された。

この顔面付吊手土器は縄文人のこころを、素朴さと不思議さの中に見事に表現した作品である。縄文人がよく作った土偶などの人体造形と同じく、この顔面付吊手土器の全体は女性像の表現である。柿の種形のややつりあがった目、上向きの鼻、丸いおちょぼ口の顔の表情は、「縄文美人」の一般的様式である。

縄文人の性の表現はごくつつましやかで表徴的にすぎないが、吊手の内縁を二重の線で囲んだその下端に小さな刻み目をつけたのは、まさにそれである。吊手部の左右に一対、粘土のひもをはりつけた奇妙な図形がある。形そのものは説明がつかないが、位置は乳房に当たる。そして不釣り合いに大きな吊手と、いわば器の本体に包まれた空間は、豊かな女性の胎内を意味している。

ところでこういった吊手土器は、別名「香炉形土器」とも称される。それから連想されるように、下の器に植物の実か、動物からとった油を入れ、灯心を立てて灯をともすのに使われたとする説がいちばん有力である。事実、灯心の跡が土器の肌に焦げ目で残った例もあるし、器の底が油で変色したような資料もある。

縄文人たちはこの神秘な器に小さな灯をともし、強い願いをこめて何かを祈ったのである。何を祈ったのか。縄文人の生活様式と彼らの精神構造から推測すれば、それは自然に対する祈りであり、自然から与えられる恵みへの感謝であったはずである。

豊かな母胎から生まれ出る新しい生命への限りないあこがれが、この陶酔したような表情の顔面をつけた釣手土器の灯を通して、縄文人のこころに大きな興奮をよびさました時、縄文人の世界観も生命も新しい歴史の創造に向けて燃えたことにちがいない。

自然を素直に愛し、自然への感謝と願望を素朴にあらわした時、縄文人のこころをそのまうつしたこの顔面付吊手土器が生まれた。これこそ、歴史と自然が創造した最も純な芸術的造形とも思えるのである。

縄文の八ヶ岳の世界——神像筒形土器

中部地方のちょうど中心部に位置する八ヶ岳の西南麓（諏訪側斜面、約十×二十キロの範囲）には必縦谷《ひつじゆうこく》と呼ばれる大小の河川にはさまれた、たくさんの長尾根状の火山灰台地が横並びに連なって、山麓全体の地形を形成している。そしてそれらの台地上には例外なく何カ所かの縄文中期の遺跡が立地し、その密集度がおそらく全国一といえる数である。

それらの多くの遺跡は、例えば尖石・井戸尻遺跡（いずれも国史跡）などに代表されるような拠点的な大集落を中心として、台地上の遺跡群がそれぞれに関係を保ち、集落地とは別に食料獲得のための生業用地も備えるなど、整然ともいえる縄文ムラの構造も想定される。その縄文ムラの人口は百〜百五十人、同規模のムラが八ヶ岳南麓には六〜八あったとされているから、全体の総人口は千人を上まわっていた可能性が強い。この人口集中度は世界の民族学的資料などからみても異例なことといってよい。

二〇〇二年の夏、富士見町の井戸尻考古館を主に、縄文文化の素晴らしさを改めて強く印象づけるイベントが開かれた。その名も「甦《よみがえ》る高原の縄文王国」である。同町で発掘された藤内《とうない》遺跡の出土品百九十九点が、新たに国の重要文化財に指定されたことを記念しての催しであった。数回にわたるユニークな内容の講演会には、多くの町・県外の参加者を含む聴講者がその都度多数集まり、考古館に特別展示された縄文土器の造形の見事さに、すべての人が息をのみ、ケースの前で足をとめた。

とくに主催者が「神像筒形土器《しんぞうつつがたどき》」と命名した高さ五十センチをこえる大形土器は、まさに神像と称するにふさわしい精巧で特殊な装飾を土器の中心に配し、残りの器面全面を縄文的手法で隙間なく、複雑、繊細に描き出し、全体に神秘的ともいえる造形美を作り出している。それはものすごい縄文土器であった。

この土器と対面している時、私はなぜか有名なエジプトのミイラを連想した。そしてツタンカーメンの黄金のマスクやミイラを包む黄金で化粧されたまばゆい棺《ひつぎ》などよりも、素朴で土と人の匂いがする「神像筒形土器」の方に、格段にすぐれた人間が生み出す造

長野県諏訪郡富士見町の藤内遺跡で出土した神像筒形土器。
高さ55.7cm。（国重要文化財、井戸尻考古館所蔵）

形美の優位性を感じた。

　もちろん藤内遺跡の他の土器にも、それぞれがもつ特徴やすぐれた芸術性がある。主催者が強調するような、土器文様がもつ図象学的解釈はまだよく私の理解の届かないところだが、そこでいわれている神話的といってもよい深い精神的充実感の中で、特定の職人や芸術家ではない縄文人によってこれらの造形が創造され、かつそれを生み出す縄文の八ヶ岳の世界があったことを確認することができた。

　八ヶ岳山麓の縄文の至宝はこれだけではない。全国初の国宝土偶である〝縄文のビーナス〟、それに匹敵する価値をもつ土偶〝仮面の女神〟（ともに茅野市内出土）など、かぞえあげたらきりがないほどである。

　数千年前、日本列島の真ん中に当たるこの高原の地に、かくも活力に溢れた歴史と文化が生み出された背景は何だったのか。

　宮坂英弌は尖石遺跡を掘り、原始集落の復元を通じて、縄文社会の構造に迫ろうとした。また藤森栄一は縄文農耕論を提起することで、正しい縄文時代像の理解を深めようとした。そのいずれもが、もう五十年も前に八ヶ岳山麓で強く輝いた、日本考古学史上の光芒《こうぼう》なのである。そしてその先駆的業績の肉づけはいま若い世代によって着実に進んでいる。

しかし一方この五十年、縄文人の歴史の舞台であった八ヶ岳山麓は大規模な開発によって大きく変貌《へんぼう》し、多くの遺跡が消滅した。時あたかも二十一世紀初頭、数千年前の縄文人が自然と共生することを〝哲学〟としたように、現代の人類は前世紀の反省に立って、新しい共生の時代の構築を必要としている。八ヶ岳山麓に見る縄文世界に、私たちはまだまだ多くのものを学ばねばならない。藤森栄一がそうであったように……。

人間、戸沢充則とその考古学

勅使河原 彰

青春の軌跡

戸沢充則は、一九三二年十月十九日、長野県岡谷市で生まれました。一九三二年といえば、前年の満州事変、三七年からの日中全面戦争、四一年からのアジア太平洋戦争と、物心がつくころには戦時下にあったことから、戸沢は純真な軍国少年として、皇国史観の国史に何の疑いももたなかったといいます。事実、一九四三年、岡谷小学校の五年生の時、学校の裏山で防空壕を掘った際に、得体が知れない文様がついた土器片を拾った戸沢に対して、老教師が「これは野蛮人がつくったものだ」と投げ捨てても、彼自身は何の疑問も感じなかったということです。

一九四五年、戸沢が旧制諏訪中学に入学した年の八月十五日に敗戦。夏休み明けの新学期の教室では、軍国主義と皇国史観に彩られた教科書の墨塗りから授業が始まります。そして、教師の牛山秀樹は、墨塗りに飽きた戸沢ら生徒を学校の裏山に連れ出して、縄文土器を拾わせ、この土の下にこそ本物の歴史が眠っているのだと教えたといいます。こうした歴史認識の一八〇度の転換は、戦後第一世代の考古ボーイを多く生んだように、戸沢もまた考古学に熱中していきます。

戸沢の故郷・信州の諏訪は、考古学を学ぶにはまたとない土地でした。一九二四年には、日本人類学・考古学界の権威者である鳥居龍蔵のもとで、信濃教育会諏訪部会に所属する教師らが中心となって郡内の遺跡を踏査し、『諏訪史』第一巻が完成をみます。そして、それ以来の資料の蓄積と研究の伝統のなかで、八幡一郎、両角守一、宮坂英弌、藤森栄一などの著名な考古学者を輩出しています。とくに宮坂と藤森は、戦後の縄文時代研究をリードした縄文集落論と縄文農耕論を主導した研究者であるとともにすぐれた教育者で、戸沢が考古学に出会ったころにごく身近な存在でした。この二人がどれほど大きな影響を戸沢にあたえたかは、『考古学のこころ』（新泉社、二〇〇三年）や『考古地域史論――地域の遺跡・遺物から歴史を描く』（新泉社、二〇〇四年）などで自身が紹介しています。

こうした恵まれた環境のなかにあって、戸沢とその仲間の高校生たちは、藤森の指導のもとで創刊した『史実誌』（一～四号）、後に改題した『諏訪考古学』（五～八号）で、ガリ版刷りながら、岡谷市の下り林遺跡（早期）や同市の梨久保遺跡（中期初頭）、下諏訪町の殿村遺跡（中期）、茅野市の晴ヶ峰遺跡（中期初頭）など、戦後の長野県を代表する縄文時代の重要な遺跡の報告書をまとめています。そして、戸沢は、諏訪清陵高校三年生、十八歳で、『信濃』（二巻七号、一九五〇年）に「岡谷市下り林遺跡の早期縄文式土器」と題する小論を発表しています。ちなみに、この下り林遺跡こそは、小学五年生だった戸沢が学校の裏山で防空壕を掘った際に、縄文土器を拾った遺跡でした。

高校時代に学業はそっちのけで考古学に熱中した戸沢は、当然のように高卒浪人となって、藤森の私設の諏訪考古学研究所に潜り込み、ここで地域研究者として生きようと考えます。そして、戦地でのマラリヤ病が原因で、文字どおり病の身であった藤森に代わって、今は岡谷市に編入されている旧諏訪郡川岸村の『川岸村誌』編纂のためのフィールド調査を夏から秋にかけておこない、さらに執筆までまかされて、一九五二年一月に原稿を完成させています。

この『川岸村誌』第二編「先史原始時代」は、「川岸村は生きた人間の歴史をもっている」という書き出しではじまる、全五章百十六ページからなるもので、考古資料にもとづいて地域の歴史を叙述したものとして、この時期の市町村史では一頭群を抜くものです。

しかも、これが十九歳の少年の手でなされたということに驚かされます。藤森栄一という人間味あふれる指導者と諏訪という考古学に恵まれた風土のなかで、戸沢は、後の考古地域史を展望させる確かな芽を『川岸村誌』で育んだのです。

日本の旧石器時代研究の定点

一九五二年四月、戸沢は明治大学に入学します。明治大学は、一九四九年に私立大学で最初の考古学講座を開設した大学です。当時、新興の気概がみなぎる明大考古学研究室では、静岡県の登呂遺跡や群馬県の岩宿遺跡、神奈川県の夏島貝塚など、戦後の考古学史をきざむ発掘で大きな成果をあげていました。

とくに一九四九年九月に正式な発掘調査が実施された岩宿遺跡では、関東ローム層中から石器群を発見し、縄文時代に先行する、ヨーロッパの時代区分でいう旧石器時代に相当する石器文化（日本列島の旧石器時代の文化で、土器をもたない時代的特徴から先土器時代の文化とも、発見地である岩宿遺跡の名にちなんで岩宿時代の文化とも呼ばれています）の存在を明らかにしました。それは日本列島には「旧石器時代は存在しない」とされていたそれまでの常識をくつがえす、日本考古学史上最大の発見に数えられる成果でした。

そして、一九五二年の夏、長野県諏訪市の諏訪湖岸に面する独立丘の一つである茶臼山で市営住宅建設のための整地工事がおこなわれており、その削平をまぬがれたローム層中から、当時諏訪清陵高校生であった松沢亜生が、黒耀石製の石器を発見しました。そこで、藤森、戸沢、松沢らが工事進行中の九月から十一月の三カ月間にわたって出土資料の採集と記録をおこなった結果、岩宿遺跡の発見以来、関東地方以外の地域ではまだ発見されていなかった旧石器時代の遺跡の存在をはじめて確認することに成功したのです。

茶臼山遺跡は、それまで関東地方で発見されていた旧石器時代の遺跡とくらべて、当時としては格段に豊富な石器群が発見されました。しかも、ナイフ形石器や掻器、刃器、石核、石片などが質量ともに優れているだけでなく、それらのなかには接合する資料も含まれていたのです（藤森栄一・戸沢充則「茶臼山石器文化」『考古学集刊』一巻四号、一九六二年。なお、「茶臼山石器文化」は、戸沢の卒業論文として、すでに一九五六年にまとめられていました）。

そうした石器群を前にして、戸沢は、従来までのように完成した石器を分析するだけでは、茶臼山石器文化は理解できないと考えます。そして、遺跡から出土する石器・石片すべてを、それらが作られる製作技術や作られた石器などの特徴を形態学的・型式学的にとらえるだけでなく、それら遺物の出土状態を遺跡の原位置で正確にとらえ、その位置関係から遺跡の構造など知る手掛かりをえる必要があるとの認識にいたります。つまり一つの遺跡（文化層）から出土した石器群を全体として総合的に把握し、それを旧石器時代研究の基礎となる石器文化＝インダストリー（産業・工業・労働という意味の英語のindustryを借用）としてとらえようと考えたのです（戸沢充則「先土器時代における石器群研究の方法」『信濃』十七巻四号、一九六五年）。

その具体的な実践の場となったのが、埼玉県の砂川遺跡です。一九六六年十月から十一月に発掘調査された砂川遺跡では、三百五十九点の石器群が三つのまとまり（ブロックと呼びます）として発見されました。戸沢は、それらの石器群を同一の母岩である個体ごとに分類する（個体別資料）とともに、それら個体別された石器群の接合関係を分析する（接合資料）ことによって、石器づくりの技術を復元することに成功し、「砂川型刃器技法」と命名します。そして、砂川石器文化におけるナイフ形石器の型式学的な特徴を明らかにしたのです。

しかも、たんに技術の復元だけにとどまらず、ブロック間で同一の個体別資料を共有することや、石器が他の遺跡から砂川遺跡に持ち込まれたり、逆に持ち出されたりしたという、旧石器時代における集団の動きを具体的に復元することを可能にするという、確かな見通しを明らかにしたのです（戸沢充則「埼玉県砂川遺跡の石器文化」『考古学集刊』四巻一号、一九六八年）。

この戸沢が砂川遺跡で示した方法は、かつて佐藤宏之が「戸沢パラダイム」と形容し、今また田村隆が「これは日本旧石器学が到達した、掛け値なしに世界的な業績であった」と評価するように、以後の旧石器時代研究の定点となるような大きな影響をあたえることになります（佐藤宏之『日本旧石器文化の構造と進化』柏書房、一九九二年。田村隆「石器石材の需給と集団関係」『講座日本考古学』二巻、青木書店、二〇一〇年）。

遺跡は教室

戸沢が旧石器時代の研究の方向性を示した一九六〇年代末は、世にいう「学園紛争」の時代に入っており、事態に真剣に対処しようとした大学人ほど、学問研究に大きな支障をきたしました。戸沢もまたしかりで、学園紛争の約十年間、教え子たちに現場をまかせた一九七三年の砂川遺跡の第二次調査を除いては、ほとんどフィールド調査をおこなっていません。そして、戸沢が再びフィールド調査に立とうとした一九七〇年代後半は、列島改造の嵐のなかで全国の遺跡が翻弄された時代に突入していました。戸沢は、考古地域史の理念と本格的に向き合い、それを実践していくことになります。

一九七五年、首都東京の水がめである村山貯水池（通称多摩湖）が工事のために、四十数年ぶりに水が抜かれることになりました。この機会をとらえた戸沢は、多摩湖底にあらわれた遺跡群の調査をおこなうことを考えました。そして、市民、研究者、行政が三位一体となって、発掘調査だけでなく、その出土資料の整理・研究から報告書作りまでおこなうことを企画して、それを実行に移します。その結果、一九七六年の発掘調査から一九八〇年の報告書『多摩湖の歴史――湖底の遺跡と村の発掘』（戸沢充則編著、東大和市）の完成にいたるまで、約二万人の市民が参加する大学習運動を展開したのです。

一方、同じ東京近郊の新山遺跡では、学校の建設用地が遺跡であることが判明したことから、一九七六年と七七年に発掘調査を実施します。当時、東京近郊の都市は、急激な人口増加によって、学校の教室はすし詰め、それでも足りない場合には、プレハブ校舎で急場をしのぐという状況でした。このような劣悪な教育環境を改善するための学校建設が、遺跡の発掘調査でストップがかかるなど認められる状況ではありませんでした。

そうした困難な状況にあって、戸沢は、異なる立場にある人びとでも、遺跡が大切であるという思いは同じであるから、みんなで話し合い、努力しあって、解決のための最善の方法を探ろうとしました。そのために遺跡調査会をさまざまな立場の人びとがオープンに議論できる場とするとともに、「遺跡は教室」として、発掘調査についても市民参加、見学会、学習会、ニュースの発行などさまざまな手段や方法を講じて、つねに市民に学習の場として開放したのです。

こうした後に「東久留米方式」と呼ばれる試みは、開校が一年遅れてでも、徹底的な学術調査を実施することを可能としただけでなく、設計や工法を大幅に変更して約三千平方メートルを校庭下に保存（都史跡）し、一棟の柄鏡形住居跡を観察する屋外展示室を設け、小学校内に独立した資料展示室を設けて、学校教育の生きた教材として活用することに成功したのです。

さらに、遺跡に一番近くて、毎日のように遺跡を訪れていた第七小学校の子どもたちが、卒業記念に『東久留米の縄文の人々』と題する素晴らしい版画集を共同製作しました。この版画集を手にした戸沢は、「小学生たちが作った版画集に、実にいきいきと描きだされた縄文人を見て、考古学の研究者である私たちが、強い感動とショックを受け、その素晴らしい縄文人像をもっと多くの人びとに知ってほしい」と考え、これに考古学的な解説を加えて『縄文人は生きている』（戸沢充則編著、有斐閣、一九八五年）と題する本として出版しました。

この新山遺跡の発掘調査が一段落した一九七八年、今度は都住宅供給公社の団地建設にともなって、下里本邑遺跡の保存問題がおこります。戸沢は、新山遺跡での経験を生かして、まず遺跡の保存と活用を図るための確認調査を市民参加のもとに実施し、その調査成果をもとに遺跡の保存と土地利用を研究・討議しました。その結果、遺跡の中心部分約八千平方メートルを全面保存（都史跡）して、遺跡公園として活用するとともに、資料を展示する下里本邑遺跡資料館が建設されることになったのです。

このように戸沢は、発掘調査に可能なかぎり市民が参加できる体制をとり、見学会、学習会、ニュースの発行などあらゆる手段をとって、遺跡を市民に開放してきました。それは、遺跡は研究者が独占するものではなく、広く市民とともに学習・研究する場であると考えていたからです。そこには、遺跡など文化財の保存と活用の主体者は、市民一人ひとりにほかならないという、戸沢の理念が根底にあったからです。

人びとと手をつなぐ遺跡保存

一九八〇年代に入ると、リゾート開発の名のもとに、奥山の山村にまで大規模な開発の波が及びます。長野県小県郡長門町（現長和町）の鷹山地区もその一つで、一九八〇年代に入ると、農業を振興しながら、町営のスキー場を建設することが計画され、黒耀石の原産地遺跡の一つとして知られる鷹山遺跡群の事前調査が一九八四年に実施されました。後に鷹山第Ⅰ遺跡と呼ばれた地区の発掘調査は、原産地遺跡の特徴をまざまざと見せつけ、遺物の出土量に圧倒されたということです。

スキー場だけでなく、ゴルフ場など大規模なリゾート開発を計画していた長門町でしたが、この発掘調査を契機に、鷹山遺跡群を自然景観とともに可能なかぎり保護しながら、その土地の有効な活用を図り、その望ましい開発のあり方を探るべく、戸沢の指導のもとに、明大考古学研究室と共同して総合調査を実施しました。

その取り組みのなかから、町は遺跡群の保存と活用の拠点としての黒耀石体験ミュージアムを開館し、明大は黒耀石文化の調査・研究の拠点としての黒耀石研究センターを建設しました。自治体と大学が二十一世紀の遺跡保存と活用のあるべき姿を求めて共同事業に取り組んでいます。

一方、霞ヶ浦に面した茨城県稲敷郡美浦村にある陸平貝塚は、日本人の手による最初の学術調査がおこなわれた遺跡として学史的に著名ですが、一九七〇年代に一大レジャーセンターの開発計画が進行し、破壊の危機に直面します。この危機をいち早く察知した戸沢は、『読売新聞』の文化欄で「陸平貝塚の危機」(一九七四年七月二十四日付夕刊)を訴えました。その後の全国的な保存運動の結果、いったんは開発計画が中止されますが、土地の権利の多くが村外に移ったことなどもあって、遺跡とその周辺は荒れるにまかせた状態で放置されます。

一九八〇年代中ごろになると、美浦村は、過疎化が進む地域の活性化を目的に、陸平貝塚を含む安中地区の総合開発を計画します。ただし、今回の開発計画で村当局は「遺跡の保存と開発は並列同義」と、計画のなかに陸平貝塚の完全保存を組み込みました。村当局の熱意は本物と感じた戸沢は、村に協力を約束し、一九八七年に「陸平調査会」を組織します。その指導のもとに、戸沢が団長となって、陸平貝塚の保存範囲を確定するための調査が、村民などの参加をもとに実施されました。その成果をもとに、一九九〇年に周辺の景観を含めた約十四ヘクタールが保存されることが確定します。

保存範囲が確定すると、戸沢は、陸平貝塚が今後とも地域の生活とともに生きつづけることを願って、「動く博物館構想」を提案します。こうした戸沢の理念と夢は、村民のなかに確実に根を下ろし、現在、「陸平貝塚をヨイショする会」の活動となって、そこに新しい文化活動が創造されてきています。

鷹山遺跡と陸平貝塚は、ともに国史跡として指定され、毎年八月に長和町で開催される「黒耀石のふるさとまつり」、十月に美浦村で開催される「陸平縄文ムラまつり」では、地域の住民とともに談笑する戸沢がいました。

学問するこころと社会的責任

戸沢充則は、学問を背負う研究者が社会のなかで自己責任をはたすために、積極的に社会にコミットすることを実践的な行動で示してきました。文化財保護運動は当然のこととして、一九六〇年代の紀元節の復活問題、一九七〇年代の元号法制化の問題、一九八〇年代の核兵器廃絶の運動、一九六〇年代から今日までつづく歴史教科書問題などで、つねに主体的に関わるとともに、その時々に適切な発言をし、社会にコミットしてきた数少ない考古学者の一人です。

とくに戸沢がこだわってきたのは、日本考古学が過去を検証して、十分な反省をしてきたかという点でした。明治時代以来一世紀の間、学問の世界の周辺の間で起こったさまざまな現実の問題、たとえばアジア諸国への侵略戦争にさえ目をつぶり、神話に代わる科学的な原始・古代史研究の探究の役割を自らから放棄するという、そうした無節操・無思想であった日本考古学の本質をきちっと検証し、真摯な反省をもって戦後をむかえたかと問います。そうした反省を時々できちっとしてこなかった日本考古学の体質こそが、社会とコミットすることの稀薄な体質を生んだのだとして、戸沢はつぎのように問います。

「日本考古学は近代以来、社会とコミットすることの稀薄な体質をもっていた。敗戦前にもあれほど豊富な土器や石器を発掘し、個別実証主義的な研究の実績を積み重ねながら、ついに縄文人を日本歴史の中に登場させることもできなかった。戦後は経済優先の社会状況が続くなかで、文化財保護運動や、一般市民との共同学習などを通じて、積極的に社会とコミットする研究者も少なくなかったが、結果として大勢は開発優先の緊急発掘に追いまくられ、考古学がどんな学問かという自己への問いかけを忘れ、ついに日本考古学の主体性と存立基盤を失いかけた……」(戸沢充則「縄文時代研究への理念」『増補・縄文人の時代』二〇〇二年、新泉社)。

そんななかで起きたのが「旧石器遺跡のねつ造」事件でした。二〇〇〇年十一月五日の毎日新聞の報道で発覚した「旧石器遺跡のねつ造」問題では、戸沢は、日本考古学協会が設置した「前・中期旧石器問題調査研究特別委員会」の委員長に就任します。戸沢は、「この問題は誰彼の犯行、スキャンダルといった次元の事件ではなく、日本考古学全体が信頼を問われるような、学問の本質にかかわる重大事だ。それは研究者全体の真摯な反省の上に立って、それぞれが主体的に真相の解明と、将来の展望につながる解決の方法を求めなければいけない」し、「この問題の解決のために、自らを評論家・傍観者的立場においてはいけない。当事者の一人として責任をもつべきだ」と考えます(戸沢充則『考古学のこころ』新泉社、二〇〇三年)。つまり戸沢は、学問を背負う研究者の自己責任をはたすために、あえて困難を承知で委員長を引き受けたのです。

特別委員会では徹底した検証作業を進めましたが、戸沢は、ねつ造の有無を確かめる遺物の検証や現地での検証発掘には、必ず自らも立ち会っています。一方で、戸沢は、ねつ造者からの事情聴取も進めて、直接本人からねつ造の事実を引き出しています。

二〇〇三年五月二十四日、日本考古学協会は、藤村新一がかかわった「前・中期旧石器」の遺物・遺跡は、すべてねつ造したものであって、学術資料としては使えないという結論に達し、大会での発表、報告、図書資料のすべてについて、「研究資料として利用してはならない」ことを公表しました(前・中期旧石器問題調査研究特別委員会編『前・中期旧石器問題の検証』日本考古学協会、二〇〇三年)。

遺跡と遺物に学ぶ

話は前後しますが、戸沢は、一九九六年四月に明治大学の学長に就任します。戸沢は、学長になると、学問・研究する時間がまったくといっていいほどとれなくなります。それでも発掘調査の報告書は、一年間に本棚を埋めるほどに送られてきます。せっかく送っていただいたのだからと、戸沢は、時間をみつけては報告書に眼をとおす努力をしたということです。

しかし、そこには専門の研究者と自負している自分ですら、完全に把握できないような情報や記録に満ちあふれていながら、その遺跡の発掘によって、どんな学問的成果がえられたのか、そこから出土した文化財が古い時代の歴史を知るためにいかなる意義をもつのかなどといった肝心なことを、膨大な記述・記録のなかから読み取ることが困難なことに改めて気づきます。ましてや、考古学に関心をもつ一般の社会人にとっては、なおさら理解が困難なだけでなく、刊行部数が少なく、数があっても高価な報告書を手にすることすらできないのではないかとの思いを強くします。

そんな思いにふけっていた、ある日の書斎で、何気なく恩師の杉原荘介が四十年も前に中央公論美術出版から刊行した『登呂遺跡』を手にします。B6判四十ページという小さな本でしたが、そこには登呂遺跡とその発掘の成果のエッセンスがコンパクトにまとめられ、日本歴史上の意義などが、研究者の思い入れを込めた簡潔でわかりやすい文章で記述されていました。

そうだ、学長を退いたら、「遺跡には感動がある」をキーワードに、発掘の原点から考古学を問い続ける本を出そうと、戸沢は考えました。時に私を学長室に呼んで、企画の趣旨などを二人で相談し、学長を退いた二〇〇〇年秋ごろには「遺跡を学ぶ」というシリーズ名も決め、いよいよ軌道に乗せようという矢先に、前述した「旧石器遺跡のねつ造」事件が起きたのです。特別委員会の委員長という激務のなかで、戸沢は、体調を崩しますが、それでも「遺跡を学ぶ」シリーズへの意欲は衰えるどころか、その必要性をますます痛感します。そして、いよいよ二〇〇四年二月、戸沢充則監修で新泉社から刊行したのがシリーズ「遺跡を学ぶ」です。

一方、戸沢は、一九九六年四月から翌九七年三月まで、NEC（日本電気株式会社）の機関誌『コンセンサス』に「ツールのルーツ」と題する十一回の連載をしています。これが学長職の時期の唯一といっていい、戸沢の考古学に関するまとまった原稿です。そして、この連載は、業界誌という性格から一般読者はほとんど眼にしていないため、戸沢も一般書で刊行したいと準備していました。それが本書の第Ⅰ部「道具のルーツ」です。

巻頭話「人類が作った最初の道具」では、最古のオノである礫器から人類の進化の意味を語るというように、戸沢は、その鋭敏な感性で遺物をみつめて、一つひとつの遺物に息を吹き込み、そのこころを現代と結びます。しかも、文章は簡潔で直截的ながら、全体としてはとてもこころが温まる珠玉のエッセイとなっています。

そして最終話「技術の進歩と人類の未来」では、石器にはじまる道具と技術の進歩が、今日の高度な科学技術を生みだし、産業社会の繁栄をもたらした「二十世紀人類」というのは、はたして全人類史の上で本当に偉大な貢献者として誇りうる存在であるか、二十一世紀を前に問われようとしていると警鐘をならします。そして「道具を作るこころと使うこころがいつも正しくかみ合うような人類の英知」こそが、「確かな二十一世紀への展望をもつことにつながるものと信じて疑わない」と結んでいます。

本書第Ⅱ部には、縄文土器に関する掌編をまとめました。

「土器はなにを語るか」では、土器が日本列島の人類史にはたした役割と、縄文土器・弥生土器・土師器がもつ時代的な特徴を素描しながら、土器が時代の推移と地域史の動態を明らかにする重要な考古資料であることを語っています。「縄文土器への憧憬」「縄文人の心理の深層」「縄文人のエネルギー」「小さな器に豊かな祈り」「縄文土器の美」の五編は、新聞のグラビアなどで縄文土器を解説したもので、一つひとつの縄文土器と対話をしながら、そのもつ意味を感性豊かに語っています。最後の「縄文の八ヶ岳の世界」は、戸沢の恩師である藤森栄一が愛した八ヶ岳の縄文の世界を「神像筒形土器」と名づけられた土器を事例に語っています。

二〇一一年、シリーズ「遺跡を学ぶ」の監修者として、戸沢充則は、第六十五回毎日出版文化賞を受賞します。「毎日出版文化賞の人々」と題する『毎日新聞』(二〇一一年十一月八日付夕刊）のインタビュー記事は、戸沢最晩年の発言となってしまいましたが、そのなかで「考古学がヘンに理屈っぽくなっちゃってね。遺跡と資料そのものから本当のことを探し歴史を描く。これが考古学者の感動であり、夢です」と、考古学の問題点を批判しながら、その希望を熱く語りかけます。

そして東京電力福島第一原発事故に関連して、考古学の課題をつぎのように語っています。「文明の進歩におごった結果の事故ですよ。ところが、『文明の進歩は、人類にとって本当は危険かもしれない』という問題を一番追究してきたのが考古学者なんです。それなのに、具体的なことは何一つ提言できなかった。考古学とは何だったのか……。市民のために歴史を描く学問として構築し直さないと」

こうしてみてくると、考古学をとおして人間として深く感動するこころをもち、夢をもって生き、人類の未来を切り拓くことが、戸沢の考古学であり生涯であったといえるでしょう。

戸沢充則◎とざわ・みつのり

一九三二年、長野県岡谷市に生まれる。一九四五年秋、旧制中学校一年生の時に、学校の裏山で縄文土器片を拾い歴史の真実に触れた感動から考古学の道を歩む。高校生時代には、藤森栄一氏が主宰する「諏訪考古学研究所」に参加。その後、明治大学文学部考古学専攻に進学。以後、明大で岩宿時代・縄文時代の研究と学生の指導をつづけ、明大考古学博物館長、文学部長、学長を歴任。二〇〇〇年三月に退職。明治大学名誉教授。その一方で、「市民の考古学」をモットーに各地で市民参加の発掘調査、考古地域史研究を実践する。二〇〇〇年十二月より二〇〇二年六月にかけて、日本考古学協会の「前・中期旧石器問題調査研究特別委員会」委員長として旧石器発掘ねつ造事件の検証調査にあたる。二〇一二年四月九日、逝去。

◎初出一覧

I

道具のルーツ　『コンセンサス』日本電気株式会社、一九九六年四月〜一九九七年三月

II

土器はなにを語るか　『歴史手帖』十四巻二号、一九八六年十二月、名著出版

縄文土器への憧憬　「信濃毎日新聞」一九八六年十一月十一日（『縄文人との対話』名著出版所収）

縄文人の心理の深層　「信濃毎日新聞」一九八〇年十月十一日（『縄文人との対話』名著出版所収）

縄文人のエネルギー　「信濃毎日新聞」一九七一年一月一日

小さな器に豊かな祈り　「信濃毎日新聞」一九八〇年九月三十日（『縄文人との対話』名著出版所収）

縄文土器の美　「日本経済新聞」一九八三年九月十七日（『縄文人との対話』名著出版所収）

縄文の八ヶ岳の世界　『地域文化』六十二号、二〇〇二年十月、八十二文化財団

道具と人類史

二〇一二年七月十五日　第一版第一刷発行
二〇一二年十月十五日　第一版第二刷発行

著　者　戸沢充則

発　行　新泉社
東京都文京区本郷二－五－一二
電話　〇三－三八一五－一六六二
ファックス　〇三－三八一五－一四二二

印　刷　東京印書館

製　本　榎本製本

ISBN978-4-7877-1210-3　C1021

◎戸沢充則の著作

考古学のこころ
四六判上製・二四〇頁・一七〇〇円＋税

考古地域史論　地域の遺跡・遺物から歴史を描く
四六判上製・二八八頁・二五〇〇円＋税

歴史遺産を未来へ残す　信州・考古学の旅
四六判上製・二九六頁・二五〇〇円＋税

語りかける縄文人
Ａ５判・二二四頁・一八〇〇円＋税

増補　縄文人の時代〔編著〕
Ａ５判・二九六頁・二五〇〇円＋税

月見野の発掘　先土器時代研究の転換点〔編著〕
Ｂ５判上製・二二四頁・五〇〇〇円＋税